実例解説

# 相場操縦事件

## 公正な市場形成のために

清水真一郎　著
志村　聡

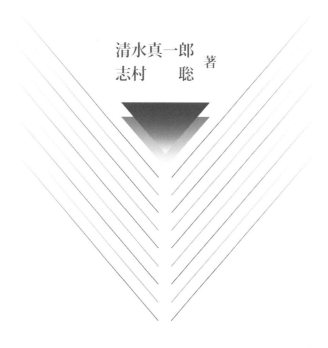

商事法務

# ●はしがき

〈本書を執筆した趣旨〉

　相場操縦事件は、有価証券等の不公正事件として、刑事事件（犯則事件）、課徴金事件ともに、コンスタントに発生しています。特に、新型コロナウイルス感染拡大に伴い、最近では世界の金融資本市場には不安定な動きが見られるようになったことから、日本でも、相場の不安定さを増幅させる不正行為に対する警戒水準が高められるに至りました。証券取引等監視委員会（以下「監視委」といいます）は、令和 2 年 6 月にリリースした「令和元年度証券取引等監視委員会の活動状況（年次公表）」（以下「活動状況」といいます）の中で、「新型コロナウイルスの感染拡大を踏まえ、相場操縦等の不正行為に係る監視を徹底」する旨を表明しました。さらに、翌令和 3 年 6 月にリリースした活動状況においても、監視委は、新型コロナウイルス感染症の影響による景気の悪化、厳しい経済状況を踏まえ、金融資本市場においてその影響を見定めていく必要がある旨記載しています。

　こうした状況から証券実務に従事する者や法律実務家等は、相場操縦に係る法規制の概要だけでなく、過去の相場操縦事件の判例・審判の状況等についても正しく理解しておく必要があります。

　しかし、これまでこうした理解を促進するための情報媒体、具体的には相場操縦に係る法規制の概要や判例・審判の状況等の情報を纏めて提供してくれる書籍がほとんど存在していませんでした。

　かつて監視委事務局に籍を置き、相場操縦事件等の不公正取引に関する犯則調査及び課徴金調査業務に従事していた我々筆者も、当時は断片的に存在する論評や判例解説等を収集し、苦労しながら相場操縦の個別事件の調査・事件処理に当たっていました。また、近年では弁護士として、相場操縦事件の弁護活動に勤しむ中、周囲の弁護士達が昔の我々と同様に苦労されている姿を目にします。

　このような自らの経験を踏まえ、我々は、主に証券実務に従事する方々向けに、相場操縦規制の実務に役立つ情報を網羅的に提供する本を

執筆しようと考えました。

〈本書の構成〉

　本書の眼目は、主に証券実務に従事する方々に向けて、実務で役立つ必要有益な情報を提供することですので、筆者らが監視委で培った知識・経験を背景に、実務家の方々にとって読みやすくかつ興味関心を持っていただくことができる内容にすることを第一に心掛けました。

　そのため、相場操縦規制の法律解釈、歴史的背景、他国の法制との差異などの学術的な事項については、研究者の方々から多くの優れた論文が発表されていることに敬意を表しつつ、実務の理解に必要不可欠な範囲の記載にとどめ、相場操縦規制の実務の流れや過去の事件については、可能な限り詳細に実例を紹介した上で、その要点や実務上の問題点を解説することとしました。

　また、課徴金事件と刑事事件の両者を並べて記載することで、互いの共通点と差異を明らかにし、相場操縦規制の実務の全体像を俯瞰できるように努力しました。

　併せて、筆者の私見にわたる部分を、いくつかのコラムにまとめました。コラムは、筆者が相場操縦事件に取り組んできた経験から、特に注目すべきと感じた点、疑問だと考えた点等私見を記載したものです。

　そして、本書の巻末には資料編として、過去の犯則事件の告発一覧表と課徴金事件一覧表を添付し、各事件と本文中の解説とがリンクするよう注記を付けました。

〈本書の読者層〉

　本書は、主に証券業務に従事している方々、具体的には相場操縦事件に取り組む弁護士等の法律家、相場操縦に該当するかどうか悩ましい取引について日々検討している証券実務従事者、相場操縦事件の捜査に当たる捜査関係者、証券会社のトレーダーやコンプライアンス部門の方々等にお読みいただくことを想定しています。

　これに加え、日常的に株取引を行う機関投資家や個人の投資家の皆様もしくは、証券業務を勉強している学生の皆様、新聞や経済雑誌等のマ

スコミ関係者の皆様にも有益な情報提供ツールになると自負しています。

　本書で紹介した過去の事件等を参考にし、相場操縦規制を回避するような取引をする目的で本書を利用されるのは本意ではありません。規制のあり方は、これまでもそうであったように今後も、時代の推移や規制の必要性を考慮して変わるでしょう。実際、本書では過去の規制のあり方を曲解して相場操縦を行った不届き者に刑事罰が科された事例も紹介しています。

　本書のような実務家向けの実例解説に当たっては株価チャート図が不可欠であるところ、株式会社ミンカブ・ジ・インフォノイド、みんかぶ運営事務所の皆様には、「みんかぶ」の株価チャート図の使用を許可していただきました。改めて、この場で御礼申し上げます。

　最後に、本書の執筆に当たっては㈱商事法務の澁谷禎之氏に大変お世話になりました。業務多忙等の理由から執筆が遅れがちだった筆者らを辛抱強く見守って下さり、また筆者らの様々な要望・我儘もお聞き届け下さいました。同氏のお力添え無くして本書が日の目をみることはありませんでした。この場をお借りして心から感謝の意を表します。

2022 年 9 月

　　　　　　　　　　　　　　　　　　　清水　真一郎
　　　　　　　　　　　　　　　　　　　志村　　聡

## ●目　　次

## 第4章　過去の課徴金事件

### 第5章　刑事事件の捜査

### 第6章　過去の刑事事件

# ●凡　例

本書では、以下の略記を使用する。

## 1　法令等の略記

| | |
|---|---|
| 金商法 | 金融商品取引法 |
| 金商法施行令 | 金融商品取引法施行令 |
| 取引規制府令 | 有価証券の取引等の規制に関する内閣府令 |
| 信用取引府令 | 金融商品取引法第161条の2に規定する取引及びその保証金に関する内閣府令 |
| 課徴金府令 | 金融商品取引法第6章の2の規定による課徴金に関する内閣府令 |
| 証取法 | 証券取引法 |
| 受託契約準則 | 受託契約準則（東京証券取引所） |
| 個人情報保護法 | 個人情報の保護に関する法律 |

## 2　判例の略記

| | |
|---|---|
| 最判○年○月○日 | 最高裁判所○年○月○日判決 |
| ○○高判○年○月○日 | ○○高等裁判所○年○月○日判決 |
| ○○地判○年○月○日 | ○○地方裁判所○年○月○日判決 |

## 3　文献の略記

(1)　行政府公表資料の略記

中間報告書
　証券取引審議会不公正取引特別部会「相場操縦的行為禁止規定等のあり方の検討について（中間報告書）」（平成4年1月20日）

取組み（令和4年2月）
　「証券取引等監視委員会の取組み～信頼され魅力ある資本市場のために～（令和4年2月）」

活動状況（○年○月）
　証券取引等監視委員会の活動状況　○年○月

課徴金事例集（○年○月）
　　証券取引等監視委員会事務局「金融商品取引法における課徴金事例
　　集〜不公正取引編〜○年○月」

基本指針
　　証券取引等監視委員会「取引調査に関する基本指針」

(2)　体系書等の略記
　　注解特別刑法
　　　平野龍一／佐々木史朗／藤永幸治 編『注解特別刑法　補巻(2)プリペ
　　イドカード法・証券取引法』（青林書院、1996）
　　三井「課徴金制度」
　　　三井秀範編著『課徴金制度と民事賠償責任』（金融財政事情研究会、
　　2005）

4　組織等の略記
　　監視委　　　　　　　　証券取引等監視委員会
　　日本取引所グループ　　株式会社日本取引所グループ
　　東証　　　　　　　　　株式会社東京証券取引所
　　大阪取引所　　　　　　株式会社大阪取引所
　　自主規制法人　　　　　日本取引所自主規制法人
　　○○地検　　　　　　　○○地方検察庁
　　○○地裁　　　　　　　○○地方裁判所
　　○○高裁　　　　　　　○○高等裁判所
　　最高裁　　　　　　　　最高裁判所

## ●用語説明

　本書では各所において、証券取引特有の用語を使った説明を行っているため、以下ではその理解に資するべく簡易な表現で代表的な用語の内容、説明を行う。

▷立会（たちあい）時間
　株の売買が行われる時間帯のこと。

▷前場（ぜんば）・後場（ごば）
　立会時間のうち、午前9時から11時30分を「前場」といい、午後0時30分から午後3時を「後場」という。

▷寄付（よりつき）
　前場・後場の取引開始時刻（最初の売買成立時刻）のこと。

▷引け（前引け（ぜんびけ）・大引け（おおびけ））
　前場・後場の取引終了時刻のこと。前場の引けを「前引け」、後場の引けを「大引け」という。

▷ザラバ
　寄付・引けを除いた立会時間のこと。

▷指値（さしね）注文・成行（なりゆき）注文
　株の売買を注文する際、「○円（以上or以下）で売りたい・買いたい」と希望価格を指定する注文を「指値注文」といい、希望価格を指定せず、「値段はいくらでも良いので売りたい・買いたい」という注文を「成行注文」という。

▷寄付条件付（よりつきじょうけんつき）注文・引条件付（ひけじょうけんつき）注文
　寄付・引けに執行されるとの条件を付した注文のこと。

▷指値できずば成行注文
　ザラバでは指値注文とするが、ザラバ中に売買が成立しなかった場合には、前引け又は大引けで成行注文に変更するとの条件を付した注文のこと。

▷板寄せ方式・ザラバ方式

　株価の決まり方についての名称。寄付や引け等で始値や終値等を決定する場合は「板寄せ方式」、ザラバで株価を決定する場合は「ザラバ方式」が用いられる。

▷始値（はじめね）・終値（おわりね）

　前場と後場における最初の取引価格を「始値」といい、最後の取引価格を「終値」という。

▷価格優先の原則・時間優先の原則

　ザラバ方式での売買成立における原則のこと。

　より高値の買い注文、より安値の売り注文が他の注文に優先することを「価格優先の原則」といい、同じ値段の注文については、受け付けた時刻の前の注文が後の注文に優先することを「時間優先の原則」という。

▷気配

　売買の注文状況のこと。

▷気配値

　注文値段のこと。

▷気配の更新値幅

　売買が成立する直前の株価を基準として、次の値段を付けることができる幅に一定の範囲が設けられているその値幅のこと。

▷特別気配

　気配の更新値幅を決定する基準となる株価から見て、次の約定値段が、気配の更新値幅を超えてしまうような注文が出てきた場合をいう。

▷板情報

　株の価格や売買の注文状況が記載された一覧表のこと。かつて、株の価格を決定する作業では、人の手で中央に値段、その左側に売り注文の数量、その右側に買い注文の数量を記した「板」が用いられていた。そのため、現在においても、このような一覧表を「板情報」と呼ぶ。

▷制限値幅

　一日の売買における株価の値動きについて、当該株の前日終値を基準とし

用語説明

た一定範囲の制限が設けられているその値動きの幅のこと。

▷信用取引

金融商品取引業者が顧客に信用を供与して行う有価証券の売買その他の取引。

▷信用建玉（しんようたてぎょく）

信用取引において買い建て又は売り建てた玉のうち、期限における決済（返済）が未了のもの。

▷委託保証金

顧客が、証券会社から資金や株を借り受ける際、担保（これを「本担保」という）として買付株や売付代金を証券会社に差し入れるところ、取引後に本担保の担保力が不足した場合にこれを補うため、当該取引に係る株の時価の一定利率分を証券会社に差し入れる、その差入れ金のこと。

▷追証（おいしょう）

委託保証金の担保価値が一定率（維持率）を割り込む場合、その率を維持するために行われる委託保証金の任意的もしくは義務的な追加差入金のこと。

▷ローソク足

ある一定の期間（分・時間・日・月等）における、ある株の始値、終値、安値、高値を表した図のこと。

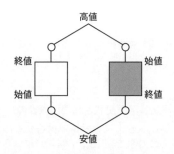

▷クロス取引

売り注文と買い注文を同じ投資者もしくは意を通じた者同士で行う売買のこと。本書では、クロス取引のうち、違法なものを、仮装売買・馴合売買という。

▷対当売買

　この本では、仮装売買・馴合売買のことを指して、対当売買と呼ぶことがある。

▷犯則事件

　監視委特別調査課が金商法の規定に基づいて犯則調査する事件のこと。犯則事件が告発されると、刑事訴訟法の規定に基づいて捜査する刑事事件となる。本書では、犯則事件と刑事事件とを特に区別せずに解説することがある。

▷株価固定（罪）

　本書では、金商法159条3項違反で違法となる行為を、株価固定（罪）と呼ぶ。同法の定める手続にのっとって行われる合法的な行為を安定操作と呼ぶ。

# 第1章 相場操縦規制の枠組み

## 1 相場操縦規制の趣旨・概要

金商法 159 条は、1 項で「仮装・馴合売買の禁止」を、2 項 1 号で「相場操縦目的による現実取引の禁止」を、同項 2 号で「変動操作情報の流布の禁止」を、同項 3 号で「重要事項に関する虚偽表示の禁止」を、そして、同条 3 項において「株価固定（法定の手続によらない安定操作の禁止）」を定めている。これらに違反した者は、10 年以下の懲役もしくは 1000 万円以下の罰金又は併科に処せられる（金商法 197 条 1 項 5 号）。あるいは、一定額の課徴金を国庫に納付することを命じられる（金商法 174 条、174 条の 2、174 条の 3）。

金商法 159 条の規制の趣旨は、本来正常な需給関係によって形成されるべき相場に作為を加える詐欺的な取引を禁止する点にある。相場に人為的な作為を加えることは、相場のもつ客観性を悪用する行為であり、人々の投資判断を誤らせ、不特定多数の投資者に不測の損害を与える危険があるとともに、相場の客観性が失われることにより、人々の証券市場に対する信頼を著しく損なわせ、健全な投資者が証券市場から退避することとなり、ひいては証券市場がその公正な価格形成機能を果たしえなくなるためである（注解特別刑法 89 頁）。

## 2 「何人」規制

金商法 159 条は、「何人も、……（略）……してはならない。」と規定している。

相場操縦は、証券市場の公正性・健全性、及び証券市場に対する投資者の信頼を著しく損なう行為であり、「何人も」これを行ってはならない。かつては、証券取引所での参加資格を持つ証券会社のみが実行行為者となる身分犯規定との考え方もあったが、そのように考える必要はな

い。

## 3 「相場」とは

　金商法 159 条は、「相場を変動させるべき一連の有価証券売買等」(同条 2 項 1 号)、「相場が自己又は他人の操作によって変動するべき旨を流布すること」(同項 2 号) とあるように、「相場」の変動に関する一定の行為を禁止している。「相場」とは、ある銘柄に対する需給の動向が客観的に反映され、一投資者が、それに基づいて投資判断を行っているような価格、出来高等を指す (注解特別刑法 89 頁)。したがって、株価が「相場」に該当するのは当然のこと、気配値及びその数量等のいわゆる板情報も、投資者が投資判断を行う基礎となる客観的情報であるので「相場」に含まれる。

## 4 仮装・馴合売買 (金商法 159 条 1 項)

　仮装・馴合売買は、過去に発生した相場操縦事件で数多く登場している手法である。特に、ザラバ中のクロス取引は仮装・馴合売買に該当するとして違法性を問われやすいので、投資者は注意しなければならない。なお、本書では、仮装・馴合売買を合わせて、対当売買ということがある。

### (1) 仮装売買

　仮装売買 (同項 1 号から 3 号) とは、有価証券の売買、市場デリバティブ取引又は店頭デリバティブ取引のうちいずれかの取引が繁盛に行われていると他人に誤解させる等これらの取引の状況に関し他人に誤解を生じさせる目的 (以下「繁盛誤解等発生目的」という) をもって、同一人が、「権利の移転」等を目的とせず、同一の有価証券について同時期に同価格で売りと買いの注文を発注して売買をすること、市場又は店頭デリバティブ取引を行うことである。

　「権利の移転」とは、当該有価証券等に対する実質的な支配・処分の権能が帰属する主体を変更させることとされ (注解特別刑法 93 頁)、その判断に当たっては、そもそも仮装売買の禁止規定が価格形成に不当な影響を及ぼす売買取引を抑制する趣旨に出たものであるので、当該有価

証券等の売付け又は買付けを決定しうる権能を中心として考えるのが相当とされる（東京地判昭和56年12月7日：日本鍛工事件判決）。また、仮装売買を委託又は受託することも禁じられているため、実際に売買が行われることを要しない（同項9号）。

## (2)　馴合売買

　馴合売買（同項4号から8号）とは、繁盛誤解等発生目的をもって、複数の者が、あらかじめ通謀し、同一の金融商品について、ある者の売付け（買付け）と同時期に同価格で他人が買い付ける（売り付ける）こと、その他市場又は店頭デリバティブ取引の申込みを行うことをいう。同じく、その委託又は受託も禁じられる（同項9号）。

　前記日本鍛工事件判決によれば、「同時期」とは、「同時」よりも幅のある時間的概念であって、双方の注文が市場で対当して成約する可能性のある時間帯、すなわち当該証券取引所の定めるところにより、当該注文に基づく呼値の効力が継続している時間内に関するものであれば足りる。また、「同価格」とは、双方の注文が対当して成約する可能性のある範囲内のものであれば足りるから、双方の注文が同一価格の指値である場合のほか、双方又は一方が成行き価格である場合も同価格といえる。また、「通謀」とは、同号が犯行の態様・類型について何ら限定していないことから、黙示であっても差し支えなく、また、注文を出す方法についても、改めて証券会社に売り又は買いの注文を出す場合にだけではなく、すでに市場に出されている注文を取り消すことなく維持する場合を含む。

## (3)　仮装・馴合売買の成立条件

### ア　繁盛誤解等発生目的

　仮装売買・馴合売買が成立するためには、同一人の間の権利移転を目的としない売買や、複数人の間の通謀による売買が行われたという事実だけでは足りず、これらの売買に「繁盛誤解等発生目的」という主観的構成要件が備わっていなければならない。

　これは、取引が頻繁かつ広範に行われているとの外観を呈する等、当

該取引の出来高、売買の回数、価格等の変動及び参加者等の状況に関し、他の投資者に、自然の需給関係によりそのような取引の状況になっているものと誤解されることを認識することであると解されている（大阪地判平成18年7月19日など）。

　この目的は、講学上の目的犯における目的であり、行為者において仮装・馴合売買を行うに際し、このような取引を行えば第三者がその状況に関し誤解する可能性があることを認識しておれば足り、それ以上に第三者を誤解させて当該取引に参加させるという積極的な意図までは不要である（注解特別刑法92頁）。

　　イ　クロス取引の評価

　クロス取引は、必ずしも全て禁じられているものではない。例えば、信用取引を利用して実効的な資金調達を可能とする金融クロスなど、経済的合理性のある取引も存在する。しかし、こうしたクロス取引がザラバ中に行われる必要性は認めがたく、経済的合理性は減退し、逆に繁盛等誤解目的を推認されやすくなる。このような弊害を避けるべく、クロス取引を行う際には慎重な配慮が必要となる。

## 5　相場操縦目的による現実取引（金商法159条2項1号）
### (1)　概要

　金商法159条2項は、他人を有価証券の売買、市場又は店頭デリバティブ取引に誘引する目的をもって、有価証券の売買等が繁盛、つまり活発に行われていると誤解させ、又は、相場を人為的に変動させるような一連の有価証券売買等又はその申込み、委託等もしくは受託等をすることを禁じている。仮装・馴合売買が、正常な取引と区別することができない記録上の取引を作りだす偽装取引を規制するのに対し、本項は、現実取引による相場操縦を規制するものである。課徴金事件でも、刑事事件でも、過去に立件された相場操縦事件の多くは、現実取引による相場操縦の事案である。

## ⑵　成立条件

　投資者が短期間で大量の有価証券等を売買することは一般的に見られるところであり、そのような取引をした結果、相場が大きく変動することもありうる。そのため、法はそうした取引全てを本号で禁じるのではなく、①他人を有価証券の売買等に誘引するという一定の目的（誘引目的）の下に、②有価証券の売買等が活発に行われていると誤解させ、又は、相場を人為的に変動させるような一連の有価証券売買等をする（変動操作）という、主観面と客観面の 2 つの要件を備えた取引を禁じている。

### ア　誘引目的

　誘引目的とは、「人為的な操作を加えて相場を変動させるにもかかわらず、投資者にその相場が自然の需給関係によって形成されるものであると誤認させて有価証券市場における有価証券の売買取引を誘い込む目的」をいう（最決平成 6 年 7 月 20 日、第 6 章事例 1）。誘引の対象となる取引は、投資者と行為者の間のものに限らず、誘引目的と他目的との併存やその主従関係は、「誘引目的」を積極的に認定する際の妨げにならない。また、誘引の対象となる第三者が売買取引に誘い込まれるかもしれないという可能性の認識（未必的認識）があれば、「誘引目的」を認定できるとされている。

### イ　変動操作

　変動操作とは、相場を変動させる可能性のある売買取引等のことである。相場を変動させる可能性で足り、実際に相場が変動する必要はなく、また条文が「一連の」と謳う以上、単回の売買では変動操作とはいえない。そのため、実務では、行為者による複数の売買取引において、相場を変動させる可能性があると評価できるものを括りだし、変動操作の始期と終期を認定する。

　変動操作とは具体的にどのような取引態様なのかが問題となるが、金商法 159 条 2 項 1 号には、具体的な定めがない。そのため、どのような取引態様が変動操作に該当するかは、個別の事件における認定・評価

にゆだねられている。

　監視委は、変動操作の主な手法の例示として、以下のようなものを掲げている（課徴金事例集（令和3年6月）55頁以下）。

①　買い上がり買付け

　　成行もしくは高い指値の買い注文を発注することにより、場に発注された売り注文を約定させながら、価格を引き上げる行為

②　下値支え

　　現在値より下値に比較的数量の多い買い注文を発注することにより、下値に売り注文が発注された場合であっても、その買い注文がすべて約定してしまうまでの間、価格が下落しないようにする行為

③　終値関与

　　典型的には、取引終了間際に、成行もしくは高い指値の買い注文を発注して終値の水準を引き上げる行為

④　見せ玉

　　典型的には、板情報画面に表示される最良買い気配付近の価格帯に、まとまった数量の買い注文を発注することで買い優勢の板状況とし、買い優勢の板状況を見た他の投資者の高値の買い注文により価格を引き上げようとする行為

　本書では、第4章、第6章において、過去に立件された課徴金事件や刑事事件を解説する中で、いかなる取引態様が変動操作に該当するのかを具体的に説明する。

## コラム①　証券取引審議会不公正取引特別部会　中間報告書

　証券取引審議会不公正取引特別部会は、平成 4 年 1 月 20 日、「相場操縦的行為禁止規定等のあり方の検討について（中間報告書）」を発表しました（商事法務 1275 号 35 頁～36 頁）。やや古い報告書ですが、この内容は現在でも通用する考え方を表しています。

　平成 4 年といえば、第 6 章の事例 1 で紹介する協同飼料事件の東京高裁判決の後 4 年が経過し、平成 6 年の最高裁判決が出される 2 年前という時期です。つまり、東京高裁判決の考え方を前提として、客観的な株取引の状況等を分析することによって、「誘引目的」や、「相場を変動させるべき一連の売買取引」を認定し、相場操縦事件として立件できるか否か判断するという手法が示されています。客観的な事実関係を重視していかにして相場操縦規制をすべきかといった点に言及されているこの報告書の内容は現在でも適用する調査・捜査の基本だと思います。

　この中間報告では、協同飼料事件の東京高裁判決を前提として「相場を変動させるべき一連の売買取引」に該当する具体的な態様の例として、

- ① 寄付き前から前日の終値より高い指値で買い注文を出す
- ② ザラバの気配をみて、直近の値段より高い指値買いの注文を出したり、買い注文の残りの指値を高く変更したりする
- ③ 時間を追って順次指値を 1 円刻みに高くした買い注文を出す
- ④ 比較的高い値段で仮装売買をする
- ⑤ 買い指値注文により株価の値下がりをくい止める売買をする
- ⑥ 市場の上げにすかさず追随する買付け等を反復継続して行う

等の手法が示されており、そのほか

- ⑦ 市場関与率の状況
- ⑧ 一日のうち最も重要な時間帯である終値付近での関与状況
- ⑨ 一日における同一銘柄の売買の反復状況

等も併せて検討の上、相場操縦罪の成否を総合的に判断すべきであると報告されています。

## 6　変動操作情報の流布の禁止（金商法 159 条 2 項 2 号）、重要事項に関する虚偽表示の禁止（同項 3 号）

　金商法 159 条 2 項 2 号は、誘引目的をもって、市場における金融商品の相場が自己又は他人の操作によって変動するべき旨を流布することを禁じている。3 号は、誘引目的をもって、有価証券売買等を行うにつき、重要な事項について虚偽であり、又は、誤解を生じさせるべき表示を故意に行うことを禁じている。

　令和 4 年 5 月までに、監視委が同項 2 号を適用した相場操縦事件は告発事件で 1 件である（第 6 章事例 7）。同項 3 号を適用した事件は見当たらない。

## 7　株価固定（法定の手続によらない安定操作の禁止）（金商法 159 条 3 項）

### ⑴　概要

　金商法 159 条 3 項は、政令で定めるところに違反して、有価証券等の相場をくぎ付けし、固定し、又は安定させる目的をもって、一連の有価証券売買等又はその申込み、委託等もしくは受託等をすることを禁じている。この規定を受けて、金商法施行令 20 条では、有価証券の募集や売出し等を容易にするために一定の要件の下で安定操作をすることが認められている。なお、安定操作が行われているか否かを知るため、誰でも、東京証券取引所のウェブサイトにおいて安定操作届出書や安定操作報告書を閲覧することができる。

### ⑵　成立条件

　金商法 159 条 3 項は、禁じられる行為につき「一連の有価証券売買等又はその申込み、委託等若しくは受託等」としか規定していない。金商法 159 条 2 項 1 号が「相場を変動させるべき一連の有価証券売買等又はその申込み、委託等若しくは受託等」と規定しているのとは異なり、禁じられる「有価証券売買等又はその申込み、委託等若しくは受託等」は「一連の」ものであること以外の制限を設けていない規定ぶりとなっている。また、株価固定罪が成立するためには、「くぎ付け・固定・

安定させる」といった目的が必要である。

　この目的の意義につき、協同飼料事件の東京高判昭和 63 年 7 月 26 日は、「目的」は、現にある有価証券市場における相場を一定の範囲から逸脱しないようにする意図であり、金商法 159 条 1 項の繁盛誤解等発生目的、同条 2 項の誘引目的のような目的犯の目的とは異なり、客観的構成要件要素とされている禁止行為である「一連の有価証券売買等（以下略）」にかかって、その行為を目的の内容に即応するように規定し方向付ける働きをする主観的構成要件要素であるとし、上記の目的は「現にある有価証券市場における相場を一定の範囲から逸脱しないようにする意図」であると判示した。なお、「くぎ付け」「固定」「安定」は、いずれも単なる言い換えであり、それぞれに別の意味を付与する必要はないとされ、これらの用語はいずれも「株価を動かないようにする。」という意味である。

　株価固定罪も相場操縦の一類型であり、法定刑も現実売買による相場操縦と同じであることも踏まえると、規制の趣旨は、実際には株価の動きの激しい不安定な銘柄であるのに、人為的な操作を加え、他の投資者をして株価が動かない銘柄だと誤信させるところに存在すると考えられる。そうすると、本罪に該当する行為は、他の投資者が上記のように誤信するのに足るだけの期間にわたって株価を動かないようにする「可能性がある行為」を意味していると考えられる。注解特別刑法は、協同飼料事件の高裁判決を受けて、現にある相場を一定の範囲から逸脱しないようにするのにふさわしい一連の有価証券売買等を禁じていると解説している（同 108 頁）が、この「逸脱しないようにする」が、上記「株価を動かないようにする」と同様の趣旨のものと思われる。

　同書は、株価固定の具体例として、「値が下がり始めた場面で、直近の値段よりも若干安い値段で大量の買い注文を出して、意図的に株価の下落防止を図るような売買」や、「買い指値注文を一定の範囲の値段に発注しつづけ、意図的に株価の下落防止を図る様な売買」を挙げている。実務的には、発注量（市場占有率）・発注方法・取引時間等の客観的な状況から、行為者による一連の取引が経済合理性に欠け、行為者が意図的に株価下落（上昇）を阻止して株価を動かなくするのにふさわしい

行為をしようとしていると認められるか否かを判断することが重要と思われる。

### ⑶　過去の株価固定事件

　株価固定罪で著名な事件として、前掲協同飼料事件のほか、丸八証券事件（第6章事例8）、夢の街創造委員会事件（第6章事例9）等を挙げることができる。

　なお、監視委は、令和4年7月までに、刑事事件4件を株価固定罪で告発し、また、1件の課徴金納付命令勧告を行った。刑事事件では、被疑者が特定の日の終値を一定の株価以上（以下）に上昇させたい（抑えたい）と考えて、買い上がり買付け（売崩し）、下値支え（上値抑え）や買い見せ玉（売り見せ玉）などの手法が用いられている。

# 第2章 相場操縦規制の主体と規制のあり方

## 1 主な相場操縦規制の主体

### (1) 証券取引等監視委員会

SESCの組織図

| 証券取引等監視委員会<br>（委員長、委員2名） | |
| --- | --- |
| **事務局** | |
| 総務課 | 事務局の総合調整 |
| 市場分析審査課 | 日常的な市場監視<br>情報の収集・分析等 |
| 取引調査課 | 不公正事案の調査 |
| 国際取引等調査室 | 不公正事案（国際事案等）の調査 |
| 開示検査課 | 開示事案の検査 |
| 証券検査課 | 金融商品取引業者等の検査<br>無登録業者等の調査 |
| 特別調査課 | 犯則事件の調査 |

（「証券取引等監視委員会の取り組み～信頼され魅力ある資本市場～」（令和4年2月）5頁から引用して一部加工）

　相場操縦事件の規制を行っている機関としては、金融庁証券取引等監視委員会（Securities and Exchange Surveillance Commission：SESC）が挙げられる。監視委は、平成4年7月、大蔵省に置かれた合議制の機関として発足した。その後、中央省庁改革を経て、現在は金融庁に置か

れている。委員会は、委員長、委員 2 名の合計 3 名で構成されており、委員会を支える事務局として、総務課、市場分析審査課、取引調査課（同課の一部門として国際取引等調査室）、開示検査課、証券検査課、特別調査課の 6 課 1 室が設置されている。

　相場操縦規制に関係する部署は、市場分析審査課、取引調査課、国際取引等調査室そして特別調査課の 3 課 1 室である。市場分析審査課は、日常的な市場監視を行い、市場回りの情報を集約し、事件を発掘して取引調査課や特別調査課に送付する部署である。取引調査課は、相場操縦やインサイダー取引の不公正事案の課徴金事件について調査をし、金融庁への課徴金納付命令勧告を目指す部署である。取引調査課の一室である国際取引等調査室は、主に、課徴金事件のうち、国際的な事件や証券業界で働く者やプロの投資者等を調査対象とする事件を扱っている。そして、特別調査課は、相場操縦やインサイダー取引等の犯則事件について調査し、検察庁への告発を目指す部署である。

## ⑵　日本取引所自主規制法人

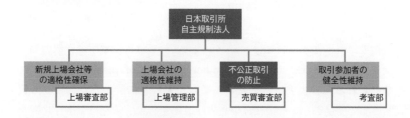

　日本取引所自主規制法人は、東京証券取引所（現物市場）及び大阪取引所（デリバティブ市場）を傘下に持つ日本取引所グループの自主規制業務を行う法人である。民間の法人ではあるが、公平・公正な売買取引の実現のため、各市場における不公正取引の監視業務や上場企業の管理業務等、極めて公益性の高い業務を行っている。自主規制法人は証券取引等監視委員会とも綿密に情報連携をとっている（取組み8頁参照）。

　自主規制法人は、主に上場審査部、上場管理部、売買審査部及び考査部の4つの部署から構成されており、そのうち売買審査部が、相場操縦やインサイダー取引等の不公正事案に対する市場監視を行っている。

　売買審査部は、株価や出来高が急激に変動した銘柄や日本取引所グループ内外から情報が寄せられた銘柄等を対象として、主に専用の売買審査システムにより相場操縦に繋がるおそれがある売買や注文を幅広く抽出したうえで、その売買動向等を日々分析し、相場操縦と疑われる取引については全て監視委に報告している。

　なお、このような自主規制機能は、名古屋証券取引所ほかの取引所にも存在する。

## ⑶　検察庁

　検察庁は、あらゆる刑事事件について起訴権限を独占していることから、相場操縦事件でも、監視委や警察から事前相談・事件送致を受けて、捜査を行う。相場操縦事件の場合、一般的には、検察庁は、特別調査課から事前報告・告発を受けて、自らの権限で、関係箇所を捜索したり、被疑者を逮捕、勾留したりして捜査を進める。

## ⑷　都道府県警察

　警察は、相場操縦事件を捜査すべき機関の一つである。ただし、相場操縦は金商法という専門性の高い法律に関係した事件であるので、一般的には、警察単独で捜査を行うことはなく、上記⑴で示した、相場操縦事件の摘発の中心的な機関である監視委・特別調査課と合同捜査を組むことが多い。

　他方、警察は、暴力団等の反社会的勢力に対峙することができる、被

疑者を逮捕することができる（監視委にはこのような身柄拘束権限がない）等の権限を有していることから、その点において、相場操縦事件の捜査で独自の存在意義を有している。

## 2　相場操縦事件の特徴と規制のあり方

　相場操縦事件は、行為者の属性・目的・資金力等によって、その手法や特徴に差異がある。その差異に応じて規制のあり方は変わってきた。ここでは、その変化について俯瞰する。

### (1)　仕手筋がばっこした時代

　昭和から平成初期の時期は、いわゆる「仕手筋」と言われる職業的相場操縦者・グループが、大量の資金を用い、長期間をかけ、ある銘柄の取引を支配することによって株価を引き上げる（又は、下落させる）事案が多く存在した。このような事案では、パトロンや暴力団等の反社会的勢力が大量の資金を提供することで関与したり、株を発行する会社（以下「発行体」という）の役職員が実際の取引に参加することで関与したりすることで、大規模かつ組織的、巧妙な犯行となり、その結果、共犯者も多数となる傾向があった。また、発行体による架空増資事件（いわゆる不公正ファイナンス）と絡んで、新株を入手した者による相場操縦事件が同時並行的に行われるような悪質な事案も発生した。近年、職業的相場操縦者・グループによる相場操縦事件は減少傾向にあるものの、依然として存在している。

　このような事案では、規制当局は、長期かつ多人数による基礎調査を実施しなければならず、取調べをすべき対象者も多くなる。また、暴力団等の反社会的勢力が関与する事案では、監視委・検察だけでなく、反社会的勢力に対する捜査に長けている警察が捜査に加わる必要も生じる。こうした事案の態様や性質を踏まえ、規制当局は、このような事案については、原則として犯則事件として対応してきた。この場合、特別調査課が、被疑者の身柄を拘束する権限を有する検察庁や警察による強制捜査の助力を得ながら、事案の全体像の解明を目指すことになる。

## (2)　個人投資者の時代

　その後、平成7年には、東証が気配値を公表するようになり、また、同じ時期に、個人の投資者がパーソナルコンピュータを用いて、証券会社に対して売買注文できるような仕組みが整いはじめた。さらに近年では、SNS等の発展によって、個人の投資者が不特定多数の投資者に対し、売買取引を煽るような発信をすることも容易になった。こうした社会の変化に伴なって、個人の投資者がグループを結成し、比較的大きな規模で相場操縦をしたり、また、デイトレーダーが、一人で、株価を少し動かしてわずかな差益をとったりする事案が発生するようになった。

　一般的に、個人の投資者は、大量の資金を用意することが難しいことから、大金を投入しないでも実行可能な変動操作、すなわち、低位株を選んだ上で、少数の証券口座を用い、資金力をあまり必要としない見せ玉や仮装・馴合売買を中心に相場操縦を行う傾向がある。中には、多数の銘柄で、短期間で株価を引き上げて、仕込んでいた株を売り抜け、薄利でも確実に利益を得るような相場操縦を繰り返す事案も見られる。

　このような事案は、いったん手法を知れば誰でも実行可能であることから、規制当局には機動的・効率的・迅速に牽制をすることが求められるところ、高い立証のハードルを乗り越えるために膨大な手間・時間をかけなければならない犯則事件として取り組むのは、事案の性質上馴染まない。したがって、規制当局は、このような事案については、原則として課徴金事件として対応していると思われる。もっとも、個人の投資者の相場操縦事件であっても、極めて長期間、多数銘柄にわたって多額の利益を得ているような場合には、犯則事件として対応するものもある（第6章事例5）。

　他方、投資者がグループを結成して比較的大規模に相場操縦を行う事案では、借名口座を含む多数の証券口座が用いられるなど、手口が複雑になりうる。このような場合、摘発すべき者が複数名に及ぶことも十分に考えられるところ、課徴金手続では刑事罰の規定である刑法60条（共犯の規定）を適用できないという法制度になっているので、複数の行為者を共犯者として一括りにすることができず、その結果、事案の性質に沿った事件処理ができなくなる可能性がある。そこで、このような事

案に対しては、規制当局は、犯則事件として対応する場合が多いようである（第6章事例6）。

## (3)　クロスボーダーの取引

　近年、海外のファンドや会社が日本の証券市場に上場している株の相場操縦をしたとして課徴金納付命令勧告を受ける事案が発生している。このような事件は、その規模や複雑さに鑑みると犯則事件として対応すべきとも考えられる。しかし、事件の関係箇所が海外に存在し、行為者らが海外に居住している場合も多く、そのような場合には、十分な捜査を実施することが難しいので、高い立証のハードルがある犯則事件には馴染まない。そこで、このような事案については、課徴金事件として対応することが多い（第4章事例7、事例11）。課徴金事件として処理した場合であっても、当該海外ファンドや会社の名称等を公表することができるので、当該海外ファンド・会社等を日本の証券市場から締め出すという一定の効果を得ることはできる。

### 事案の概要や特徴と当局の対応についての相関図

| 番号 | 事案の概要 | 特徴 | 当局の対応 |
|---|---|---|---|
| 1 | 職業的相場操縦者（仕手筋）による事案 | ・反社勢力との繋がり<br>・発行体を巻き込んだ事案<br>・借名口座を含む多数の証券口座、大量の資金を用いる。<br>・不公正ファイナンスの機会など | 原則として、特別調査課が犯則事件として対応 |
| 2 | 投資者グループによる事案 | ・多数の投資者が、借名口座を含む多数の証券口座を用いる。<br>・資金力に乏しく、大規模な見せ玉事案となる可能性 | 犯則事件、又は課徴金事件として対応 |
| 3 | 個人の投資者等による事案 | ・個人の投資者（デイトレーダー）が、少数の証券口座で、見せ玉、仮装売買等を用いる。<br>・手法を知れば誰でも実行可能であり、早期に立件して牽制する必要性が高い。 | 取引調査課が課徴金事件として対応することが多い。 |
| 4 | 海外ファンドや会社による事案 | ・取調べをするのが困難<br>・発注した者の特定が困難 | 取引調査課国際取引等調査室が課徴金事件として対応することが多い。 |

# 第3章 課徴金事件の調査と審判

## 1 概要

　相場操縦の課徴金事件の調査は、取引調査課（含・国際取引等調査室）によって行われる。

　課徴金制度は、証券市場への信頼を害する違法行為等に対して、行政として適切な対応を行う観点から、違反者に対して金銭的負担を課す制度として平成17年4月に導入された（課徴金事例集（令和3年4月）100頁）。

　取引調査課は、個人の投資者による比較的規模の小さい事件や、海外ファンド等によるクロスボーダー事件その他、課徴金制度を利用した違反行為抑止策を採るのが相当と思われる事件につき、金商法177条1項の権限に基づく調査を行う。調査対象者のことを一般的に違反行為者と呼ぶ。

　監視委は、かかる権限に基づく調査を行った結果、違反行為者に違反事実があると判断されると、違反行為者に対し、課徴金納付命令を発出するよう、内閣総理大臣・金融庁長官に対して勧告を行う。勧告を受けた内閣総理大臣・金融庁長官は、違反行為者に対し課徴金納付命令の決定を行うか否かの判断をする。

## 2 取引調査課による調査

### (1) 取引調査の本旨

　基本方針には、「取引調査は、市場を取り巻く状況の変化に対応した機動性・戦略性の高い市場監視が求められる中、不公正取引の可能性がある場合に、迅速・効率的に実施することにより、違反行為を抑止し、もって市場の公正性・透明性の確保を図り、投資者を保護することを目的とする。」とある（1頁）。

　つまり、取引調査とは、相場操縦事件を、機動的・効率的・迅速に調査し、現在進行中の相場操縦を早期に摘発し違反行為を抑止することを本旨としている。

### (2)　調査権限の法的根拠

　取引調査の調査権限は、以下のとおり、金商法 177 条 1 項に規定されている。

① 　事件関係人もしくは参考人に出頭を求め、質問をし、又はこれらの者から意見もしくは報告を徴すること（質問調査）

② 　事件関係人に対し帳簿書類その他の物件の提出を命じ、又は提出物件を留めて置くこと（物件提出命令）

③ 　事件関係人の営業所その他必要な場所に立ち入り、帳簿書類その他の物件を検査すること（立入検査）

　また、177 条 2 項では、取引調査に当たって、公務所又は公私の団体に照会して必要な事項の報告を求めることができるとされている。

　この点、照会を受け、報告を求められた会社や団体等が個人情報の保護に関する法律に定める「個人情報」（同法 2 条 1 項）を含む報告をすべきか否か悩んでいるのを見ることがある。

　報告を求められた会社や団体等が「個人情報取扱事業者」（同法 16 条 2 項柱書）である場合、彼らは、原則として、あらかじめ本人の同意を得ないで特定された利用目的の達成に必要な範囲を超えて個人情報を取り扱ってはならず（同法 18 条 1 項）、また、個人データ（同法 16 条 3 項）を第三者に提供してはならない（同法 27 条 1 項柱書）。しかし、「法令に基づく場合」には、こうした利用目的、第三者提供に係る制限は解除される（同法 18 条 3 項 1 号、27 条 1 項）。

　金商法 177 条 2 項に基づく報告徴求は「法令に基づく場合」に該当するから、照会を求められた会社や団体等は、個人情報保護法を理由にその報告を拒むべきか否かを考える必要はなく、報告をすべきである。

## 3　調査の開始

### (1)　調査の端緒

　「取組み」（令和 4 年 2 月）には、監視委事務局に設置されている市場分析審査課は、証券取引における不公正取引の端緒の早期発見のための審査を行うと解説されている。具体的には、市場分析審査課が、「相場操縦、偽計等について、証券会社や取引所から注文データ等を入手し審査」し、「不公正取引の疑いのある事案について、調査・検査部門に送付」、「自主規制機関の売買審査部門との連携（緊密な情報交換）」とある（8 頁）。また、「活動状況」（令和 3 年 6 月）16 頁には「自主規制機関等と連携し、金融・資本市場に関する様々な情報を幅広く収集し、個別取引や市場動向の背景にある問題の分析を行うとともに、不公正取引の疑いのある取引等について審査を行い、問題が把握された取引等を証券監視委内の担当部署に送付している。」と解説されている。

　すなわち、市場分析審査課は、証券会社や取引所自主規制法人から入手したデータ等各種の情報を収集・分析しつつ日常的に証券市場を監視し、その分析の結果、相場操縦に該当する疑いのある事案を発見し、課徴金事件として処理すべきと判断した場合には、その事件を取引調査課に送付する。

### (2)　調査の法的性質

　取引調査課は、市場分析審査課の初期的な情報収集・分析の結果を踏まえ、金商法 177 条所定の調査権限を駆使し、取引等の実態について深度を増した調査を行う。具体的には銀行調査等の基礎的調査や、調査対象者に対する質問調査である。

　金商法 177 条に基づく調査の性質は、いわゆる間接強制である。取引調査は、犯則調査とは異なり、裁判官の発する許可状により行う臨検、捜索及び差押えの強制的な調査権限（金商法 211 条、211 条の 2）を有しない。しかし、調査対象者が不出頭、虚偽の陳述、物件提出の拒否等した場合には、20 万円以下の罰金（金商法 205 条の 3 第 1 号、第 2 号）、また、同法 177 条 1 項 3 号に定める立入検査を拒否する等した場合には 6 月以下の懲役もしくは 50 万円以下の罰金（金商法 205 条 6 号）が

科される。調査対象者の中には、取引調査課による調査は任意調査であり、調査に応じるか否かは任意に決めることができると誤解している者がいるが、それは誤りであり、一定の場合には調査対象者に懲役刑や罰金刑が科される可能性がある間接強制の性質を有するものであることに留意すべきである。

　また、調査対象者は、質問調査に対して黙秘権（憲法38条1項）を行使することはできない。刑事手続以外の手続と憲法38条1項の関係につき、最判昭和47年11月22日（川崎民商事件）は、「（憲法38条1項）による保障は、純然たる刑事手続においてばかりではなく、それ以外の手続においても、実質上、刑事責任追及のための資料の取得収集に直接結びつく作用を一般的に有する手続には、ひとしく及ぶものと解するのを相当とする。」としている。取引調査における質問調査は、相場操縦が行われたと認められた場合に、違反行為者に対し金銭的負担を課す課徴金納付命令の勧告をする目的の下に行われるものであって、「刑事責任追及のための資料の取得収集に直接結びつく作用を一般的に有する」性質を持つものとは言えない。

## 4　基礎的調査

　活動状況（令和3年6月）は「取引調査においては、インサイダー取引等の不公正取引が疑われる事実が発覚した場合、……（略）……売買している者の保有する証券口座・銀行口座等の調査に加え、その関係者に対しても幅広い調査を実施しており、これらの関係者との間における借名取引の疑いや不自然な資金動向なども確認し、違法行為の把握に努めています。」「証券監視委では、これまでに、多数の事例で借名口座を利用した不公正取引を把握してきました。このような場合、取引を行った本人はもとより、把握した借名口座の名義人等に対しても、必要に応じて調査等を行っています。」と解説している（27頁）。また、課徴金事例集（令和3年6月）は「相場操縦の疑いがある取引については、取引所や証券会社等の売買データを詳細に分析することにより、問題のある取引を行った顧客を早期に特定することが可能である。」「個別の証券会社においても的確な売買審査を行うことが求められており、仮に、証

券会社が行った売買審査において問題のある取引が認められた場合には、顧客に対する注意喚起を行うとともに、必要に応じて、取引所や証券監視委に情報提供する仕組みとなっているなど、市場関係者が連携して市場を監視している。複雑・巧妙な取引手法による相場操縦事案であっても、取引所や証券会社、必要に応じて海外当局等と緊密に連携することにより、実態を解明し、課徴金勧告を行っている。」と解説している（56頁）。

　このような解説を踏まえると、取引調査においては、各事件の質問調査の前後において、下記のような基礎的調査を行い、調査対象者の所在、資産・生活態様、実際の取引態様等の事実関係を特定しているものと思われる。

## (1)　所在調査・銀行調査等

①　公務所に照会をかけ、調査対象者の住民票や戸籍、出入国履歴等を取り寄せ、所在確認をする。

②　銀行、信用金庫、クレジットカード会社等に照会をかけ、銀行口座、クレジットカードの取引履歴等を確認する。

　課徴金制度の趣旨は違反者に金銭的負担を課し、もって違反行為を抑止する点にある。課徴金の水準は、違反行為「抑止のための必要最小限の水準として、違反者が違反行為によって得た経済的利得相当額を基準としつつ、対象行為ごとに具体的な算出方法を法律に規定している」（三井「課徴金制度」13頁）。また、違反行為者が自己資金を原資として相場操縦行為を行った場合のみならず、違反行為者と密接な関係にある者（例えば、違反行為者の親会社等）や特殊な関係にある者（例えば、違反行為者の親族等）の資金を原資として相場操縦を行った場合、それは違反行為者が「自己の計算」で行ったものとみなされ（金商法174条5項、課徴金府令1条の14）、課徴金が課される。なお、過去の事例では、この「みなし」条項に基づき課徴金納付命令が下されたものが相当数ある。このように違反行為に対して適切に課徴金処分を課すため、相場操縦を行った主体だけではなく、相場操縦のための資金を提供している者や、相場操縦

によって利益を受けている者の属性を上記のような所在確認、取引履歴等の確認を通じて特定しなければならない。

③　証券会社に照会をかけ、証券会社が調査対象者に取引に関する注意喚起をした際の対応録を取り寄せる。

　こうした対応録は調査対象者が、証券会社から相場操縦に該当しうる取引であると注意を受けていたにもかかわらず、同じような取引を続けていたという証拠となるものであり、これは、違反者が誘引目的を有していたという立証にも資するものである。

④　調査対象とされる取引銘柄に関する調査対象者の証券口座の利用状況（名義・数等）や売付け買付け等の取引態様、取引期間、当該取引銘柄の株価や出来高の推移等といった取引の客観的な状況を分析する。

⑤　加えて、国際取引等調査室が手がけるクロスボーダー案件の調査では、海外からの発注による不公正取引の調査を実施するため、証券監督者国際機構（International Organization of Securities Commissions（通称IOSCO））が策定した各国証券監督当局間の協議・協力及び情報交換の枠組みである多国間情報交換覚書（Multilateral Memorandum of Understanding（通称MMoU））に基づき、海外当局に対する情報提供を依頼することもある。そして提供された情報を参考に、調査を実施する（「取組み」（令和4年2月）10頁参照）。

## (2)　場帳と場の再現の作成・分析

　課徴金事例集（令和3年6月）56頁に「相場操縦の疑いがある取引については、取引所や証券会社等の売買データを詳細に分析する」と解説されているとおり、取引調査課は、「場帳」や「場の再現」を作成して、売買データの詳細な分析を実施している。この「場帳」や「場の再現」は、課徴金審判や取消訴訟における重要な立証ツールとなり、公開の審判廷や法廷に証拠として提出されている。審判対象となった被審人や取消訴訟の原告等の代理人弁護士の目にも当然触れるものである。「場帳」や「場の再現」は、証券会社から取り寄せた資料で作成する客観的な証

拠であり、売買データのうち最も基礎的なものである。これらを分析することによって、違反行為者による相場操縦の全体像や、違反行為者による取引の経済合理性等を判断することができる。

　まず「場帳」は、売り注文と買い注文の約定によって株価が形成されていった経緯を時系列で整理した一覧表である。誰の発注によって株価が形成され変動していったのかという経過がわかる。仮装・慣合売買、買い上がり買付け、終値関与など現実売買による変動操作を特定するのに有効である。

　24 頁以下の場帳は、筆者が創作したX月 1 日の某銘柄の前場寄付きから 9:01:23 までの株価の形成過程を表したサンプルである。「売株数」「約定値段」「成立時刻」「買株数」が一覧表の中央部に記されており、その左側に「売付」、右側に「買付」についての情報が記されている。

　「売付」「買付」の「注文状況」欄のうち、「時間」は発注時刻、「値段」は発注価格、「株数」は発注株数、「残株数」は発注株数のうち約定せず場に残った株数を表す。

　中央の「約定値段」欄に「始」と表示されている約定が、板寄せ方式によって始値 9 万 300 円で約定した売買である。その後、ザラバ方式により、価格優先の原則、時間優先の原則によって、順次売買注文が約定して株価が形成されていく。

　違反行為者「甲野太郎」の取引（網掛けの取引）のうち、9:00:57 の取引を見てみると、直前の株価 9 万 1400 円であったところ、甲野太郎は、10 単位という比較的多くの買い注文を成行で発注し、場に晒されていた他の投資者が発注した 6 単位 9 万 1500 円の売り注文を買い浚った上、甲野太郎自らが発注していた 3 単位 9 万 1600 円の売り注文と対当売買（仮装売買）をして株価を引き上げ、さらに、甲野太郎自らが発注していた 3 単位 9 万 1700 円の売り注文のうち 1 株だけと対当売買をして、株価を 9 万 1700 円まで引き上げていることがわかる。そして、買い基調の強い相場であると誤信し誘引されたと想定される他の投資者から、9:01:02 に成行買い注文 10 株が出されたことによって、甲野太郎が 9 万 1700 円から 9 万 2000 円の価格帯で場に晒していた売り注文が約定し、甲野太郎は高値で保有株を売却するのに成功したということがわか

## 場帳サンプル【対当売買による株価引上げ】

| 月日 | 売付 | | | | | | 約定回数 | 売株数 | 約定値段 | |
|------|------|------|------|------|------|------|------|------|------|---|
| | 証券会社 | 顧客名 | 注文状況 | | | | | | | |
| | | | 時間 | 値段 | 株数 | 残株数 | | | | |
| X月1日 | A証券 | | 8:00:37 | ナリユキ | 2 | 0 | 1 | 2 | 90,300 | 始 |
| X月1日 | 甲社 | 甲野太郎 | 8:23:02 | ナリユキ | 8 | 0 | 1 | 8 | 90,300 | 始 |
| X月1日 | B証券 | | 8:30:46 | ナリユキ | 2 | 0 | 1 | 2 | 90,300 | 始 |
| X月1日 | C証券 | | 8:52:43 | ナリユキ | 3 | 0 | 1 | 3 | 90,300 | 始 |
| X月1日 | D証券 | | 8:56:07 | ナリユキ | 5 | 0 | 1 | 5 | 90,300 | 始 |
| X月1日 | E証券 | | 8:02:39 | 89,000 | 12 | 0 | 1 | 12 | 90,300 | 始 |
| X月1日 | F証券 | | 8:04:53 | 89,000 | 3 | 0 | 1 | 3 | 90,300 | 始 |
| X月1日 | 甲社 | 甲野太郎 | 8:21:58 | 89,000 | 3 | 0 | 1 | 3 | 90,300 | 始 |
| X月1日 | 甲社 | 甲野太郎 | 8:22:32 | 89,500 | 9 | 0 | 1 | 9 | 90,300 | 始 |
| X月1日 | G証券 | | 8:02:15 | 89,700 | 2 | 0 | 1 | 2 | 90,300 | 始 |
| X月1日 | C証券 | | 8:02:49 | 90,000 | 1 | 0 | 1 | 1 | 90,300 | 始 |
| X月1日 | D証券 | | 8:57:43 | 90,000 | 3 | 0 | 1 | 3 | 90,300 | 始 |
| X月1日 | D証券 | | 8:58:05 | 90,300 | 2 | 0 | 1 | 2 | 90,300 | 始 |
| X月1日 | | | | | | | | | 90,300 | 始 |
| X月1日 | | | | | | | | | 90,300 | 始 |
| X月1日 | | | | | | | | | 90,300 | 始 |
| X月1日 | C証券 | | 8:55:29 | 90,500 | 4 | 3/4 | 1 | 1 | 90,500 | |
| X月1日 | C証券 | | 8:55:29 | 90,500 | 3 | 0 | 2 | 3 | 90,500 | |
| X月1日 | E証券 | | 8:02:51 | 91,000 | 1 | 0 | 1 | 1 | 91,000 | |
| X月1日 | C証券 | | 8:54:47 | 91,300 | 1 | 0 | 1 | 1 | 91,300 | |
| X月1日 | D証券 | | 8:55:21 | 91,400 | 1 | 0 | 1 | 1 | 91,400 | |
| X月1日 | H証券 | | 8:03:33 | 91,500 | 6 | 0 | 1 | 6 | 91,500 | |
| X月1日 | 乙社 | 甲野太郎 | 8:55:54 | 91,600 | 3 | 0 | 1 | 3 | **91,600** | |
| X月1日 | 乙社 | 甲野太郎 | 8:58:13 | 91,700 | 3 | 0 | 1 | 3 | **91,700** | |
| X月1日 | | | | | | | | | 91,700 | |
| X月1日 | 乙社 | 甲野太郎 | 8:56:41 | 91,800 | 2 | 0 | 1 | 2 | 91,800 | |
| X月1日 | 乙社 | 甲野太郎 | 8:57:25 | 91,900 | 2 | 0 | 1 | 2 | 91,900 | |
| X月1日 | 乙社 | 甲野太郎 | 8:54:57 | 92,000 | 5 | 4/5 | 1 | 1 | 92,000 | |
| X月1日 | F証券 | | 8:04:53 | 92,000 | 3 | 2/3 | 1 | 1 | 92,000 | |
| X月1日 | G証券 | | 8:02:15 | 92,000 | 1 | 0 | 1 | 1 | 92,000 | |
| X月1日 | E証券 | | 8:56:57 | 92,000 | 1 | 0 | 1 | 1 | 92,000 | |
| X月1日 | F証券 | | 8:04:53 | 92,000 | 2 | 0 | 2 | 2 | 92,000 | |
| X月1日 | 乙社 | 甲野太郎 | 8:54:57 | 92,000 | 4 | 0 | 2 | 4 | 92,000 | |
| X月1日 | C証券 | | 8:39:10 | 92,500 | 3 | 0 | 1 | 3 | 92,500 | |
| X月1日 | C証券 | | 8:02:55 | 92,800 | 5 | 4/5 | 1 | 1 | 92,800 | |
| X月1日 | C証券 | | 8:02:55 | 92,800 | 4 | 3/4 | 2 | 1 | 92,800 | |
| X月1日 | D証券 | | 9:01:23 | 92,700 | 3 | 0 | 1 | 3 | 92,700 | |

| 成立時刻 | 買株数 | 証券会社 | 顧客名 | 時間 | 値段 | 株数 | 残株数 | 約定回数 |
|---|---|---|---|---|---|---|---|---|
| | | | | **買付** | | | | |
| | | | | **注文状況** | | | | |
| 9:00:05 | 10 | I証券 | | 8:02:21 | ナリユキ | 10 | 0 | 1 |
| 9:00:05 | 1 | J証券 | | 8:02:35 | ナリユキ | 1 | 0 | 1 |
| 9:00:05 | 1 | E証券 | | 8:02:42 | ナリユキ | 1 | 0 | 1 |
| 9:00:05 | 8 | C証券 | | 8:02:49 | ナリユキ | 8 | 0 | 1 |
| 9:00:05 | 2 | H証券 | | 8:03:40 | ナリユキ | 2 | 0 | 1 |
| 9:00:05 | 1 | K証券 | | 8:15:59 | ナリユキ | 1 | 0 | 1 |
| 9:00:05 | 2 | C証券 | | 8:27:42 | ナリユキ | 2 | 0 | 1 |
| 9:00:05 | 1 | C証券 | | 8:28:38 | ナリユキ | 1 | 0 | 1 |
| 9:00:05 | 1 | E証券 | | 8:33:36 | ナリユキ | 1 | 0 | 1 |
| 9:00:05 | 10 | C証券 | | 8:42:20 | ナリユキ | 10 | 0 | 1 |
| 9:00:05 | 3 | L証券 | | 8:52:06 | ナリユキ | 3 | 0 | 1 |
| 9:00:05 | 8 | F証券 | | 8:57:52 | ナリユキ | 8 | 0 | 1 |
| 9:00:05 | 1 | M証券 | | 8:59:17 | ナリユキ | 1 | 0 | 1 |
| 9:00:05 | 4 | C証券 | | 8:31:14 | 94,000 | 4 | 0 | 1 |
| 9:00:05 | 1 | N証券 | | 8:54:12 | 91,000 | 1 | 0 | 1 |
| 9:00:05 | 1 | B証券 | | 8:57:30 | 90,500 | 1 | 0 | 1 |
| 9:00:12 | 1 | K証券 | | 9:00:05 | 90,500 | 1 | 0 | 1 |
| 9:00:14 | 3 | D証券 | | 9:00:14 | 90,500 | 4 | 0 | 1 |
| 9:00:35 | 1 | E証券 | | 9:00:35 | ナリユキ | 1 | 0 | 1 |
| 9:00:47 | 1 | D証券 | | 9:00:47 | 91,300 | 1 | 0 | 1 |
| 9:00:57 | 1 | H証券 | | 9:00:57 | ナリユキ | 1 | 0 | 1 |
| 9:00:57 | 6 | 甲社 | 甲野太郎 | 9:00:57 | ナリユキ | 10 | 4/10 | 1 |
| 9:01:00 | 3 | 甲社 | 甲野太郎 | 9:00:57 | ナリユキ | 4 | 1/4 | 2 |
| 9:01:03 | 1 | 甲社 | 甲野太郎 | 9:00:57 | ナリユキ | 1 | 0 | 3 |
| 9:01:03 | 2 | D証券 | | 9:01:02 | ナリユキ | 10 | 8/10 | 1 |
| 9:01:06 | 2 | D証券 | | 9:01:02 | ナリユキ | 8 | 6/8 | 2 |
| 9:01:09 | 2 | D証券 | | 9:01:02 | ナリユキ | 6 | 4/6 | 3 |
| 9:01:11 | 4 | D証券 | | 9:01:02 | ナリユキ | 4 | 0 | 4 |
| 9:01:11 | | | | | | | | |
| 9:01:11 | | | | | | | | |
| 9:01:11 | | | | | | | | |
| 9:01:11 | 6 | H証券 | | 9:01:11 | ナリユキ | 10 | 4/10 | 1 |
| 9:01:11 | | | | | | | | |
| 9:01:14 | 3 | H証券 | | 9:01:11 | ナリユキ | 4 | 1/4 | 2 |
| 9:01:16 | 1 | H証券 | | 9:01:11 | ナリユキ | 1 | 0 | 3 |
| 9:01:16 | 1 | E証券 | | 9:01:16 | ナリユキ | 1 | 0 | 1 |
| 9:01:23 | 3 | D証券 | | 9:01:23 | ナリユキ | 3 | 0 | 1 |

る。なお、甲野太郎は、対当売買を証券会社に覚られないように、甲社と乙社の証券口座を使い分け、甲社で買い注文、乙社で売り注文を出して対当売買をしていることもわかる。

　甲野太郎が行ったザラバ中の高値の対当売買は、高値で出した売り注文を自ら高値で買い付けるという何ら権利移転をともなわない矛盾挙動として経済合理性が認められず、自らの売買によって、順次、株価を高くさせたという点で、悪質な変動操作に該当しうる。特に、甲野太郎は、9万1700円の売り注文のうち1単位だけ約定するように対当売買をしたのであるから、株価を9万1700円まで引き上げ、他の投資者のさらに高値の買い注文を誘引し、高値での売抜けを図ったのだろうと強く推認されるのである。

　次に、27頁の「場の再現」は、過去の一時点で、誰が、いくらで、何株の発注をしていたかという相場の状況を立証するためのツールである。実際に約定しなかった注文も掲載される。見せ玉、下値支え等の変動操作を解明するのに有効である。

　この場の再現は、筆者が創作した某銘柄のX月X日14：32の相場を表したものである。「約定」の有無についての情報やその「値段」が一覧表の中央部に記されており、その左側に「売り情報」、右側に「買い情報」が、それぞれ、価格優先の原則、時間優先の原則に従って表示されている。

　違反行為者乙野次郎の取引を見てみると、この銘柄では多くの投資者が概ね1000株から数千株という単位で売買注文を出している中、乙野次郎は、14：31に289円に5万株、14：32に289円に5万株、288円に2万株を発注して下値を厚くし、さらに、290円の売り注文が合計1万株しか存在しないにもかかわらず、14：32に290円に10万株という大量の買い注文を出して売り注文を買い浚った後、9万株という大量の買い注文を場に残したことがわかる。

　乙野次郎の取引は、下値を厚くして買い基調が強く、容易には290円以下に株価が下落することはないと他の投資者に安心感を与えることによって、291円以上の高値買い注文を誘引する意図があったと強く推

## 場の再現のイメージ

X月X日　14:32　　　　　　　　　　　　　　　　　　　　　　　　（円・千株）

| 売り情報 | | | | | | 値段 | 買い情報 | | | | | |
| 金融商品取引業者 | 顧客名 | 発注時刻 | 注文株数 | 約定株数 | 約定 | 値段 | 約定 | 約定株数 | 注文株数 | 発注時刻 | 顧客名 | 金融商品取引業者 |
|---|---|---|---|---|---|---|---|---|---|---|---|---|
| A証券 | | 10:03 | 1 | | | 294 | | | | | | |
| A証券 | | 8:49 | 7 | | | | | | | | | |
| B証券 | | 8:49 | 1 | | | | | | | | | |
| C証券 | | 8:32 | 10 | | | | | | | | | |
| D証券 | | 8:01 | 1 | | | | | | | | | |
| B証券 | | 12:33 | 1 | | | 293 | | | | | | |
| E証券 | | 12:06 | 1 | | | | | | | | | |
| E証券 | | 10:52 | 1 | | | | | | | | | |
| B証券 | | 9:37 | 2 | | | | | | | | | |
| F証券 | | 9:01 | 1 | | | | | | | | | |
| G証券 | | 8:55 | 4 | | | | | | | | | |
| H証券 | | 8:42 | 3 | | | | | | | | | |
| I証券 | | 8:42 | 2 | | | | | | | | | |
| J証券 | | 8:14 | 1 | | | | | | | | | |
| K証券 | | 9:06 | 2 | | | 292 | | | | | | |
| A証券 | | 8:53 | 6 | | | | | | | | | |
| L証券 | | 8:42 | 2 | | | | | | | | | |
| J証券 | | 8:06 | 27 | | | | | | | | | |
| B証券 | | 13:20 | 2 | | | 291 | | | | | | |
| M証券 | | 12:41 | 4 | | | | | | | | | |
| K証券 | | 9:22 | 5 | | | | | | | | | |
| H証券 | | 9:10 | 1 | | | | | | | | | |
| J証券 | | 8:11 | 1 | | | | | | | | | |
| N証券 | | 8:03 | 1 | | | | | | | | | |
| O証券 | | 14:20 | 2 | 2 | 約定 | 290 | | | | | | |
| D証券 | | 13:03 | 1 | 1 | 約定 | | | | | | | |
| B証券 | | 12:27 | 1 | 1 | 約定 | | | | | | | |
| L証券 | | 12:22 | 5 | 5 | 約定 | | | | | | | |
| E証券 | | 10:29 | 1 | 1 | 約定 | | | | | | | |
| | | | | | | | 約定 | 10 | 100 | 14:32 | 乙野次郎 | 甲社 |
| | | | | | | 289 | | | 2 | 14:29 | | K証券 |
| | | | | | | | | | 50 | 14:31 | 乙野次郎 | 甲社 |
| | | | | | | | | | 50 | 14:32 | 乙野次郎 | 乙社 |
| | | | | | | 288 | | | 10 | 14:22 | | E証券 |
| | | | | | | | | | 4 | 14:23 | | K証券 |
| | | | | | | | | | 20 | 14:32 | 乙野次郎 | 乙社 |
| | | | | | | 287 | | | 5 | 14:02 | | P証券 |
| | | | | | | 286 | | | 1 | 12:12 | | K証券 |
| | | | | | | | | | 1 | 12:14 | | G証券 |
| | | | | | | | | | 3 | 13:00 | | J証券 |
| | | | | | | | | | 1 | 14:00 | | H証券 |
| | | | | | | | | | 1 | 14:01 | | A証券 |

認されるのである。

## 5　質問調査

　取引調査課は、基礎的調査を終えると、必要に応じ、調査対象者に対する聴取を実施し、当該取引に係る説明を求め、その供述内容を質問顛末書（質問調書）にまとめる。このような調書も審判廷や法廷に証拠として提出される違反行為を基礎づける重要な立証ツールである。また、基礎的調査によって、相場操縦に使用された資金やその利益を享受していると疑われる者、証券口座を違反行為者に貸したと疑われる者がいれば、当然、それらの者に対する質問調査も実施されることになると思われる。

　基本指針は、調査官は質問調査を行うに際して以下の事項に十分に留意すると解説している（3頁）。

　すなわち、

　イ　質問調査の権限は金商法 177 条を根拠とし、質問調査は対象者の同意を得たうえで行うものとする。

　ロ　法令違反が疑われる事項については、対象者に対して十分な説明を求め、対象者の意見又は主張についても十分に聴取するものとする。

　ハ　質問調査で知り得た内容については秘密として厳守する。

　ニ　質問調書を作成した場合は、供述人に調書の内容を読み聞かせ、又は閲覧させて誤りがないかを問い、供述人が調書の修正を申し立てたときは、必要な修正を加え、あらためて供述人に内容の確認を求めるものとする。

　ホ　質問調査は、公務所等、調査内容の秘密が保たれる場所において行うものとする。

　ヘ　対象先の状況等を踏まえ、対象先の業務遂行等への支障が最小限となるよう配慮する。なお、法人等の就業時間内に実施することを原則とする。

　ト　質問調査が長時間となる場合は、対象者の休憩時間を適切に確保するものとする。

と定める。

　上記ハ、ホは、調査の秘密に関するものである。課徴金納付命令は、違反者の氏名を原則として公表しない行政処分であり、当然、調査の段階から、対象者の質問調査に関する秘密は守られるべきである。上記ホに「公務所等」とあることから、質問調査は、調査対象者が東京近郊に居住している場合には、監視委が所在する東京都千代田区虎ノ門の合同庁舎 7 号館や、さいたま市所在の関東財務局で行われているようである。調査対象者が地方に居住する場合には、地元の財務局・財務事務所等でいずれも秘密が守られている環境下で行われているようである。また「等」とあることから、違反行為者の居住先の近くに適切な公務所が存在しない場合には、例えば、ホテル等の秘密が保たれる民間施設で質問調査が行われることも考えられる。

## 6　相場操縦の事実が認められた後の手続

　取引調査課は、必要十分な調査の結果、調査対象者が相場操縦を行ったと認めた場合、金商法の手続にのっとって、違反行為者に対し課徴金納付命令を発出するよう内閣総理大臣及び金融庁長官に勧告する旨記載した勧告書（案）を作成し、これを委員長、委員 2 名で構成される監視委に付議する。

　そして、監視委は、課徴金納付命令勧告をすることが相当であると議決した場合、金融庁設置法 20 条 1 項に基づき、違反行為者に対する課徴金納付命令を発するよう内閣総理大臣及び金融庁長官に対して勧告する。相場操縦事件の課徴金納付命令の状況は、巻末参考資料 1 のとおりである。

## 7　課徴金の算定

　課徴金の金額は、金商法で、違反行為の態様、株価の動き等によって機械的に算出される。いわゆる情状によって課徴金額が変わることはない。

　課徴金の算定方法については、例えば、以下のようにまとめることができる（課徴金事例集（令和 3 年 6 月）105 頁）。

① 　仮装・馴合売買（金商法 174 条）

　　違反行為（仮装・馴合売買）終了時点で自己の計算において生じている売り（買い）ポジションについて、当該ポジションに係る売付け等（買付け等）の価額と当該ポジションを違反行為後 1 か月間の最安値（最高値）で評価した価額との差額等

② 　現実売買による相場操縦（金商法 174 条の 2）

　　違反行為（現実売買による相場操縦）期間中に自己の計算において確定した損益と、違反行為終了時点で自己の計算において生じている売り（買い）ポジションについて、当該ポジションに係る売付け等（買付け等）の価額と当該ポジションを違反行為後 1 か月間の最安値（最高値）で評価した価額との差額との合計額等

③ 　株価固定（金商法 174 条の 3）

　　違反行為に係る損益と、違反行為開始時点で自己の計算において生じているポジションについて、違反行為後 1 か月間の平均価格と違反行為期間中の平均価格の差額に当該ポジションの数量を乗じた額との合計額等

　以下では、現実売買による相場操縦事案をモデルとして、課徴金の算定の一例を示す。

【モデル事案】

　違反行為者甲は、乙株式会社の株につき、誘引目的をもって、X取引日にわたり、相場操縦を行って、その間、51 円で 6500 株、53 円で 6000 株、57 円で 2500 株（合計 1 万 5000 株）を買い付ける一方、100 円で 2500 株、102 円で 3500 株、104 円で 4000 株（合計 1 万株）を売り付けた。

　相場操縦終了後も株価は上昇し、終了後 1 か月以内の最高値は 150 円であった。

【課徴金額の算定に関する規定】

ア 　金商法 174 条の 2 第 1 項 1 号、2 号ロ

　① 　自己の計算による当該違反行為に係る当該有価証券の売付け等の価額から、自己の計算による当該有価証券の買付け等の価額を控除した額（売付け等、買付け等はいずれも売買対当数量に係るものに限る）

及び
②　当該違反行為に係る自己の計算による有価証券の買付け等の数量が
当該違反行為に係る自己の計算による有価証券の売付け等の数量を超
える場合、当該違反行為が終了してから1か月を経過するまでの間の
各日における当該違反行為に係る有価証券の売付け等についての金商
法67条の19又は130条に規定する最高の価格（略）のうち最も高い
価格に当該超える数量を乗じて得た額から当該超える数量に係る有価
証券の買付け等の価額を控除した額
の合計額を計算した上で
イ　金商法176条2項
アで算定された課徴金の額につき、1万円未満の端数があるときは、こ
れを切り捨てる。

なお、売付け等の数量と買付け等の数量が異なる場合は、最も早い時期
に行われたものから、順次売買対当数量に達するまで割り当てて対当さ
せるものとされている（金商法174条の2第13項、金商法施行令33
条の14第5項）。以下のあてはめにおける数量も、この割当方法に従っ
て算出されたものと仮定する。


【あてはめ】
以上をもとに、本モデル事案における課徴金の額を算定すると以下のとお
りになる。
ア　金商法174条の2第1項1号、2号ロの規定による課徴金の額
①　当該違反行為に係る自己の計算による有価証券の売付け等の数量は、
1万株であり、当該違反行為に係る自己の計算による有価証券の買付
け等の数量は、1万5000株であることから、当該違反行為に係る有価
証券の売買対当数量（1万株）に係るものについて、自己の計算によ
る当該有価証券の売付け等の価額から、自己の計算による当該有価証
券の買付け等の価額を控除した額
（100円×2500株＋102円×3500株＋104円×4000株）
－（51円×4300株＋53円×3900株＋57円×1800株）
＝49万4400円
※「4300株」「3900株」「1800株」は、本モデル事案において、最も早い
時期に行われた買付けから、順次売買対当数量である1万株に達するまで
割り当てて対当させた数量である。
②　当該違反行為に係る自己の計算による有価証券の買付け等の数量（1
万5000株）が、当該違反行為に係る自己の計算による有価証券の売

付け等の数量（1万株）を超えていることから、当該違反行為が終了してから1か月を経過するまでの間の各日における当該違反行為に係る有価証券の売付け等についての金商法67条の19又は130条に規定する最高の価格のうち最も高い価格（150円）に当該超える数量5000株（買付け等の数量1万5000株−売付け等の数量1万株）を乗じて得た額から、当該超える数量に係る有価証券の買付け等の価額を控除した額

（150円× 5000株）

− （51円× 2200株＋ 53円× 2100株＋ 57円× 700株）

＝ 48万6600円

の合計額（49万4400円＋ 48万6600円）=98万1000円

※「2200株」「2100株」「700株」は、買付け時期が遅かったために上記①で割当て対当させられなかった5000株についての、各株価毎の買付け数量（2200株= 6500株（総買付け数量）−4300株（売買対当数量）、2100株= 6000株（総買付け数量）−3900株（売買対当数量）、700株= 2500株（総買付数量）−1800株（売買対当数量））である。

イ　金商法176条2項の規定により、1万円未満の端数を切り捨てる。
　　98万1000円から1万円未満の端数である1000円を切り捨てる

　　以上の結果、最終的な課徴金の額は98万円となる。

# 8　課徴金審判手続

**課徴金審判手続のフローチャート**

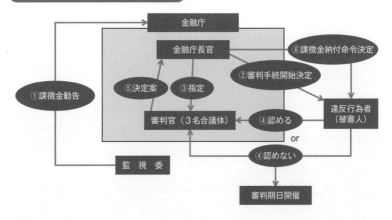

　監視委が課徴金納付命令勧告（①）をすると、内閣総理大臣（内閣総理大臣から権限の委任を受けた金融庁長官（金商法194条の7第1項））は、金商法178条1項各号に掲げる事実があると認める場合、当該事実に係る事件について審判手続を開始する旨の決定（②）をする（金商法178条柱書）。

　審判手続とは、「課徴金の納付を命ずる処分という行政処分の事前手続である」（三井「課徴金制度」104頁）。

　審判手続は、課徴金の納付命令対象者（勧告の時点で「違反行為者」と称されていた者であり、審判手続に付された後は「被審人」と称される）に審判手続開始の決定に係る決定書（以下「審判手続開始決定書」という）の謄本を送達することで開始される（金商法179条3項）。審判手続開始決定書には、審判の期日及び場所、課徴金に係る金商法178条1項各号に掲げる事実並びに納付すべき課徴金の額及びその計算の基礎が記載されている（金商法179条2項、課徴金府令14条1項）。

　審判手続は、金融庁長官から指定（③）された3人の審判官をもって構成する合議体がこれを主宰する。審判手続の中立性・公正性維持の観点から、当該事件の調査に関与した者を審判官として指定することはできない（金商法180条4項）。

　審判手続開始決定書の送達を受けた被審人は、審判手続開始決定書に対する答弁書を、遅滞なく、審判官に提出（④）しなければならない（金商法183条1項）。

　被審人が審判手続開始決定書に記載された審判の期日前に、金商法178条1項各号に掲げる事実及び納付すべき課徴金の額を認める旨の答弁書（以下「認諾答弁書」という）を提出したときは、審判の期日を開くことを要しない（金商法183条2項）。審判期日前に、金商法178条1項各号に掲げる事実を認めたのであれば、あえて審判期日を開いた上でその事実の存否に係る主張立証する機会を設ける必要がないためである。その場合、審判官は、当該審判手続開始決定書に記載された、課徴金に係る金商法178条1項各号に掲げる事実並びに納付すべき課徴金の額及びその計算の基礎を踏まえた決定案を作成（⑤）し、これを金融庁長官に提出する（金商法185条の6）。提出を受けた金融庁長官は、金

商法 178 条 1 項各号に掲げる事案のいずれかがあると認めるときは、別段の定めがある場合を除き、被審人に対し、かかる決定案に基づき、課徴金納付命令の決定（⑥）をする（金商法 185 条の 7 第 1 項）。

　それ以外の場合は、審判期日を経た後、課徴金納付命令の決定等がなされる。

## 9　審判期日

　被審人が認諾答弁書を提出しない場合、審判手続開始決定書に記載された期日に審判が開かれる。被審人は、審判期日に出頭しなければならない（金商法 179 条 4 項）。

　審判は、公益上必要があると認められる場合を除き、公開して行われることとされているため（金商法 182 条本文）、期日は公開される。場所は、原則として金融庁が所在する東京都千代田区虎ノ門の合同庁舎 7 号館内「審判廷」である（課徴金府令 18 条本文）。

　審判期日では、被審人は出頭して、意見を述べることができ（金商法 184 条 1 項）、証拠調べにおいては、自ら証拠書類・証拠物を提出し（金商法 185 条の 3 第 1 項）、参考人審問、鑑定、立入検査の申立てをする

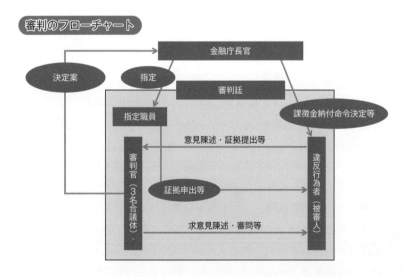

審判のフローチャート

ことができる（金商法 185 条 1 項、同条の 4 第 1 項、同条の 5 第 1 項）。
なお、被審人は、弁護士等を代理人とすることができる（金商法 181 条
1 項）。

　他方、審判官は、被審人に対し求意見陳述（金商法 184 条 2 項）や審
問（金商法 185 条の 2）を実施できるほか、参考人審問（金商法 185 条 1
項）、証拠書類その他の物件の所持人に対する物件提出要求、留置（金
商法 185 条の 3 第 2 項）、鑑定命令（金商法 185 条の 4 第 1 項）、立入検
査の実施（金商法 185 条の 5）をすることができる。

　当該事件の調査に関与した者は審判官になることができない（金商法
180 条 4 項）。しかし、当該事件の調査に関与した者が審判手続に関与
することができれば、円滑迅速な審判手続の運営が可能となるので、審
判手続の実務においては、調査を担当した監視委職員が「指定職員」と
して審判手続に参加し（金商法 181 条 2 項）、審判期日に立ち会って、
証拠の申出その他必要な行為をしている（同条 3 項）。

　このようにして審判期日を経た後、審判官は、審判期日における主張
立証を踏まえた決定案を作成し、これを金融庁長官に提出する（金商法
185 条の 6）。提出を受けた金融庁長官は、被審人に対し、金商法 178
条 1 項各号に掲げる事実があるとして課徴金納付命令の決定をし、あ
るいは、かかる事実が認められないとの決定をする（金商法 185 条の 7
第 1 項）。

## 10　決定に対する不服がある場合

　被審人は、課徴金納付命令の決定に対し不服がある場合、東京地方裁
判所に対し、かかる処分を取消す旨の訴えを提起することができる（行
政事件訴訟法 3 条 2 項）。ただし、行政事件訴訟法で認められている出訴
期間（同法 14 条 1 項。処分又は裁決があったことを知った日から 6 か月以
内）は、課徴金納付命令の決定がその効力を生じた日から 30 日以内へ
と短縮されている（金商法 185 条の 18）。

　その趣旨は、①通常の処分手続より慎重な手続を経た課徴金納付命令
については、処分を受けた者が訴えの提起の要否を短期間で判断するこ
とができると考えられ、また、②証券市場の信頼性確保のためには、違

反事実の有無を早期に確定させ、法的安定性の確保を図る必要があるとの点にある（三井「課徴金制度」147頁）。

### コラム②　課徴金審判について

　金融庁において、課徴金制度導入に係る金商法改正案の策定作業に携わった担当者によれば、課徴金審判手続は、課徴金の納付を命ずる行政処分の事前手続と位置付けられており、その趣旨は、平成17年4月に新たに導入された課徴金制度の運用に慎重を期するとの点にあったとのことです（三井「課徴金制度」104頁参照）。そして、通常の行政処分における告知と聴聞の手続と比して慎重な手続となっていることに鑑み、決定に対する不服がある場合には、行政手続法や行政事件不服審査法の手続を経ることなく、直ちに取消訴訟へと移行するという制度設計になっています。

　そして、審判期日における手続の当事者は被審人であり、審判官は手続の主宰者として、被審人に課徴金の納付を命ずべき原因があるか否かを主体的に審理することになる、つまり、審判手続は、本質的に審判官と被審人により成立しうるものであると理解されています。すなわち、「審判手続は、2当事者間の権利義務関係について両当事者が主張・立証を行い、その結果に基づいて裁判官が権利義務関係の存否を判断する民事訴訟の手続とは根本的に異なるものであり、また、公訴事実の存否について検察官と被告人が主張・立証を行い、その結果に基づいて裁判官が国家刑罰権の存否について判断する刑事訴訟の手続とも根本的構造を異にするもの」（三井「課徴金制度」105頁）であり、一般的に、裁判手続よりも簡易な手続が想定されていたと思われます。本文に記載した審判期日における被審人、審判官、指定職員の役割も、この性質論を踏まえて理解する必要があります。

　ところで、第4章の事例8以降で紹介する審判期日が開催された課徴金事例を見ますと、課徴金納付命令勧告や審判手続開始決定から課徴金納付命令決定が出るまでの期間が、短いものでも3か月程度、長いものだと2年程度かかっていることがわかります。たしかに、審判手続は、課徴金制度の慎重な運用という趣旨に基づくものですが、その本質は、訴訟手続とは根本的に構造を異にする行政処分の事前手続にすぎません。

　監視委による課徴金勧告から最終的な課徴金納付命令決定までの期間が長期化することは、市場を取り巻く状況の変化に対応した機動性・戦

略性の高い市場監視を実現するという取引調査の機能や課徴金勧告制度の趣旨に反するのではないかという点で議論の余地があると思われます。加えて、弁護士の立場からすると、このような実状がかえって被審人の時間的・経済的な負担となり、また、裁判所で裁判を受けるという権利の早期実現の機会を妨げられているのではないか、といった点も懸念されます。

# 第4章 過去の課徴金事件

　本章では、過去の課徴金事件をいくつか解説する。

　事例1から事例7は、被審人が認諾答弁書を提出したため審判期日が開かれなかった事件である。

　事例8から事例11は、被審人が認諾答弁書を提出しなかったため審判期日が開かれた事件であり、特に事例11は行政事件訴訟法上の取消訴訟に至った事件である。

## ▷事例1　対当売買（仮装売買）の事例——桧家ホールディングス株式に係る相場操縦事件

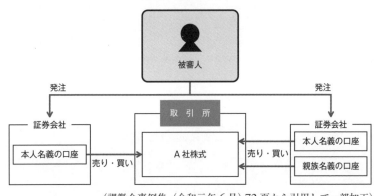

（課徴金事例集（令和元年6月）72頁から引用して一部加工）

### ＜決定事実の概要＞

　被審人は、名古屋証券取引所に上場されていた桧家ホールディングスの株につき、同株の売買を誘引する目的で、平成29年2月22日から同月23日までの間、及び同月27日から同年3月8日までの間の合計10取引日において、複数の証券会社を介し、自己及び親族名義で、直

前の約定値より高指値の売り注文と買い注文を対当させて株価を引き上げるなどの方法により、合計 4900 株を買い付ける一方、合計 5100 株を売り付け、もって自己及び上記親族の計算において、売買が繁盛であると誤解させ、かつ、同市場における相場を変動させるべき一連の売買を行った。

## ＜桧家ホールディングス株の価格及び出来高の推移＞

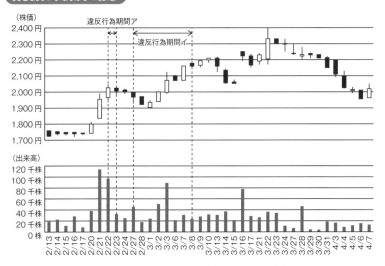

（課徴金事例集（令和元年 6 月）73 頁から引用し、一部を加工）

　株価チャートは、桧家ホールディングス株の平成 29 年 2 月 13 日から同年 4 月 7 日の日足チャート、日次の出来高を表している。違反行為期間は、同年 2 月 22 日から同月 23 日までの間（同チャートの「違反行為期間ア」の部分）及び同月 27 日から同年 3 月 8 日（同チャートの「違反行為期間イ」の部分）までの間である。違反行為期間アの違反行為開始日である同年 2 月 22 日において前日と比べて株価（最高値）が上昇していること、違反行為期間イの間に株価（最高値）が 200 円近く上昇していること等がわかる。

## ＜課徴金納付命令決定に至る経過＞

平成 30 年 5 月 11 日　課徴金納付命令勧告

14 日　審判手続開始決定

6 月 11 日　課徴金納付命令決定（課徴金 21 万円）

## ＜解説＞

ア　典型的な対当売買の手法について

本件は、主に、対当売買（仮装売買）の手法を用いた事案である。対当売買の手法を用いて株価を上昇させるという場面の理解のため、典型的な手口を場の再現を用いて説明する（※下記イメージ図の取引は、筆者が創作したものである）。

### ◎　対当売買の手法を用いた違反行為のイメージ図

（※ゴシックは違反行為者の注文。イタリックは誘引された投資家の注文。アミカケは約定値段）

① 仕込み買付

| 売り注文 | 値段 | 買い注文 |
|---|---|---|
|  | 302 円 |  |
| 200 株 | 301 円 |  |
| 300 株 | 300 円 | 300 株 |
|  | 299 円 | 100 株 |
| 300 株買い付け | 298 円 | 100 株 |

| 売り注文 | 値段 | 買い注文 |
|---|---|---|
| 100 株 | 303 円 |  |
|  | 302 円 |  |
| 200 株 | 301 円 | 200 株 |
|  | 300 円 | 100 株 |
| 200 株買い付け | 299 円 | 100 株 |

40

②　対当売買・株価引上

| 売り注文 | 値段 | 買い注文 |
|---|---|---|
| 100 株 | 304 円 | |
| 100 株 | 303 円 | |
| 100 株 | 302 円 | 300 株 |
| | 301 円 | 100 株 |
| | 300 円 | 100 株 |

対当売買・
株価引上

③　誘引された他の投資家の買い注文に売り注文をぶつけて売抜け

| 売り注文 | 値段 | 買い注文 |
|---|---|---|
| | 305 円 | |
| 100 株 | 304 円 | |
| 100 株＋200 株 | 303 円 | *300* 株 |
| | 302 円 | 200 株 |
| | 301 円 | 100 株 |

利益確定

　まず、①違反行為者が 300 円で 300 株、301 円で 200 株を買い付ける。次に、②違反行為者が、自ら買い付けたうちの 100 株を 302 円で売り出し、それを自ら 300 株の買い注文を出して買い付けるという対当売買を行い、株価を 302 円に引き上げるとともに、302 円に 200 株の買い注文を残す。そして、③この対当売買による株価上昇によって買い基調が強いと誤信し、誘引されたと推認される他の投資者から 303 円で 300 株の買い注文が出されるや、自己の保有する 200 株の売り注文を同値に入れて約定させ、利益を確定する。これが、対当売買による株価引き上げ場面の典型的な手法である。

　イ　桧家ホールディングス事件で用いられた対当売買について

　本件では、①被審人が信用取引で株を新規に買い付け（仕込み）、②その価格より高値で信用返済の売り注文を発注し、③自ら同じ指値の買い注文を現物取引で発注して対当約定させて株価を引き上げるとともに、信用取引での利益を確定させ、④他の投資者がこの対当売買に誘引されてさらに高値の買い注文を発注するや、それに対して現物株を売り付けて現物取引でも利益を確定する、といった行為を繰り返した（対当

売買の回数にして23回）という事案である（課徴金事例集（令和元年6月）73頁）。そして、被審人に対し、金商法159条2項1号違反として課徴金納付命令が下された。

　新規買付け価格より高値で行われる対当売買は、一般的に、経済的合理性を見出し難く、株価を引き上げ、他の投資者をして株価が今後も高値で約定していくだろうとの誤った認識を与えるものである。加えて、本件の被審人は、対当売買により株価を自ら引き上げた後、それに誘引されたと推認される投資者からさらに高値の買い注文が出されるや、利益確定のための売り発注をして利益を確定させている。こうした状況から、違反行為者は、株を買い集めるための通常の取引をしたわけではなく、短期で売買差益をかせぐために、他の投資者の高値の買い注文を誘引する目的を有していたと認められた。

　一般的に、このような対当売買を同一証券口座で行うと、売買を受託した証券会社に気付かれて注意を受けたり、取引を停止させられたりすることから、行為者は、複数の証券会社の証券口座を使って、証券会社に対当売買をしていることを隠そうとするケースが多い。本件の違反行為者も、自己名義の証券口座のほか親族名義の証券口座を使用し、売り注文と買い注文を異なる証券会社から発注していた。しかし、監視委は、一般的に、株価の変動に関与した口座における売買状況やその資金の原資等を調査するところ、本件でも、違反行為者が複数の証券口座や他人名義の証券口座を使って相場操縦を行ったことを特定することができたと思われる。

　なお、本件の課徴金額は21万円であった。過去の課徴金事件では、課徴金額が数億円に達する事件が存在する一方、数万円、十数万円という低額な事件も存在する。相場操縦は、市場の公正性を歪める悪質な行為であり、監視委が、課徴金額の多寡に関わらず、積極的に立件しようとしている姿勢を見て取ることができる。

## ▷事例 2　見せ玉の事例——エルナー株式外 2 銘柄に係る相場操縦事件

### ＜決定事実の概要＞

　被審人は、東京証券取引所に上場されていたエルナーの株につき、同株の売買を誘引する目的で、平成 29 年 10 月 27 日午前 9 時 49 分頃から同日午前 10 時 35 分頃までの間、複数の証券会社を介し、成行の買い注文を発注して株価を引き上げたり、下値に大口の買い注文を入れたりするなどの方法により、合計 2 万 6000 株の買付けの委託を行うとともに、合計 4 万 1000 株を買い付ける一方、合計 14 万 6000 株を売り付け、もって、自己の計算において、同株の売買が繁盛であると誤解させ、かつ、前記市場における前記株の相場を変動させるべき一連の売買及び委託をした（他の 2 銘柄に関する事実は省略）。

### ＜課徴金納付命令に至る経過＞

　　　平成 31 年 4 月 5 日　：課徴金納付命令の勧告
　　　　　　　　　9 日　：審判手続開始決定
　　　令和元年 5 月 30 日　：課徴金納付命令の決定（3 銘柄合計で課徴金
　　　　　　　　　　　　　　184 万 5000 円）

### ＜解説＞

　ア　典型的な見せ玉の手法について

　本件は、主に見せ玉の手法を用いた事案である。見せ玉の典型的な手口を場の再現を用いて説明する（※次頁以下のイメージ図は、筆者が創作したものである）。

## ◎　見せ玉の手法を用いた違反行為のイメージ図

（※ゴシックは違反行為者の注文。イタリックは誘引された投資家の注文。アミカケは約定値段）

① 　仕込み買付・株価引上げ

| 売り注文 | 値段 | 買い注文 |
|---|---|---|
| 100 株 | 556 円 | |
| 200 株 | 555 円 | |
| 100 株 | 554 円 | |
| | 553 円 | |
| | 552 円 | |
| 100 株 | 551 円 | |
| 100 株 | 550 円 | 100 株 |
| | 549 円 | 100 |
| 100 株買い付け | 548 円 | |
| | 547 円 | |
| | 546 円 | |

| 売り注文 | 値段 | 買い注文 |
|---|---|---|
| 100 株 | 556 円 | |
| 200 株 | 555 円 | |
| 100 株 | 554 円 | |
| | 553 円 | |
| | 552 円 | |
| 100 株 | 551 円 | 100 株 |
| | 550 円 | |
| 100 株買い付け | 549 円 | 100 株 |
| | 548 円 | |
| | 547 円 | |
| | 546 円 | |

② 見せ玉発注

| 売り注文 | 値段 | 買い注文 | |
|---|---|---|---|
| 100 株 | 556 円 | | |
| 200 株 | 555 円 | | |
| 100 株 | 554 円 | | |
| | 553 円 | | |
| | 552 円 | | |
| | 551 円 | 100 株 | |
| | 550 円 | 400 株 | |
| | 549 円 | 100 株＋300 株 | 買い見せ玉 |
| | 548 円 | 200 株 | |
| | 547 円 | 200 株 | |

③ 誘引された第三者からの買い注文に売り注文をぶつけて売り抜け

| 売り注文 | 値段 | 買い注文 | |
|---|---|---|---|
| 100 株 | 556 円 | | |
| 200 株 | 555 円 | | |
| 100 株 | 554 円 | | |
| | 553 円 | | |
| 200 株 | 552 円 | 200 株 | |
| 仕込み株の売抜け | 551 円 | 100 株 | |
| | 550 円 | 400 株 | 買い見せ玉 |
| | 549 円 | 100 株＋300 株 | |
| | 548 円 | 200 株 | |
| | 547 円 | 200 株 | |

④ 見せ玉の取消し（一部を除く）

| 売り注文 | 値段 | 買い注文 | |
|---|---|---|---|
| 100 株 | 556 円 | | |
| 200 株 | 555 円 | | |
| 100 株 | 554 円 | | |
| | 553 円 | | |
| | 552 円 | | |
| | 551 円 | | |
| | 550 円 | 100 株 | 見せ玉の取消し（一部残存） |
| | 549 円 | 100 株 | |
| | 548 円 | 100 株 | |
| | 547 円 | | |

　①違反行為者は、550 円で 100 株、551 円で 100 株の仕込み買付け
を行った後、②直前約定値以下の価格帯に 1200 株の見せ玉を発注し
て、買い旺盛な板状況を作出した。③その後、このような板状況に誘引
されたと推認される他の投資者から 552 円で 200 株の買い注文が出さ
れるや、自己の 200 株の売り注文をぶつけて仕込み株を売り抜け、利
益を確定した。その後、④自己が発注していた見せ玉の大半を取り消し
た。これが見せ玉の典型的な手法である。

　イ　エルナー事件における見せ玉による変動操作
　㈠　見せ玉と買い上がりとの結合
　被審人は、①平成 29 年 10 月 27 日午前 9 時 49 分頃までに、（株価
132 円あたり）仕込み買付けを行った後、②同日午前 9 時 50 分頃から、
買い見せ玉を発注し、買い基調が強いように見せかけた。その上で、③
成行買い注文を出して株価を 135 円に引き上げると、④それに誘引さ
れたと推認される第三者から、133 円から 135 円の価格帯に高値買い
注文が発注されたため、同日午前 10 時 10 分頃までに売り注文をぶつ

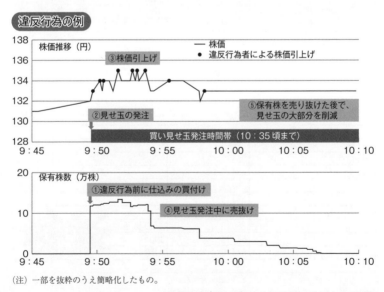

（注）一部を抜粋のうえ簡略化したもの。

（課徴金事例集（令和 2 年 6 月）74 頁から引用）

けて株を売り抜け、その後、⑤同日午前 10 時 35 分以降に見せ玉の大部分を取り消した。すなわち、本事例は、アで紹介した典型的な見せ玉の手法に、成行買い注文を出して株価を上昇させるというアレンジが加えられた事案であったと思われる。

　このような一連の取引は、全体として経済的合理性が認められない。すなわち、成行買い注文と下値への買い注文を同時に発注する行為は、高値でも株を買いたい意思と、できるだけ下値で買いたい意思とを同時に表すという点で、矛盾した行為と思われる。また、利益を確定するや、いったん発注した下値買い注文の大部分を取り消すというのは、株が欲しいのではなく、株価・利益が欲しかっただけだと推認される。すなわち、このような一連の発注が行われたのは、自らが安値で仕込んだ株を高値で売り抜けるため、成行の買い注文や下値買い注文を発することで買い旺盛な相場を人為的に作出し、他の投資者からの更なる高値での買い注文を誘引するや、それに自らの売り注文をぶつけて利益を獲得したかったからだと推認されるのである。

（イ）　見せ玉の一部を場に残している点について

　被審人は、発注した買い注文（見せ玉）全てを取り消すのではなく、一部を場に残して意図的に約定させているようである。おそらく、被審人は、発注した注文全部を取り消してしまうと、規制当局より発注当初から約定させる意思の一切ない注文であったと判断されやすくなり、典型的な見せ玉だと認定されてしまうことを恐れ、それを回避しようとしたものと思われる。しかし、金商法 159 条 2 項で禁じられているのは、相場を変動させるべき一連の売買であるので、発注した買い注文全てを後から取り消さない場合であっても、行為者において一連の取引で人為的に株価を変動させようという意図を有していたと認められるのであれば、金商法 159 条 2 項の構成要件を満たす。

（ウ）　課徴金の加算について

　本件の被審人は過去にも課徴金納付命令を受けていた。法は、過去 5 年以内に課徴金納付命令等を受けた者が再度違反行為を繰り返した場

合、課せられる課徴金額を 1.5 倍とする規定を置いている（金商法 185条の 7 第 15 項）。本件の課徴金額 184 万 5000 円は、そのように 1.5 倍に加算された後の金額である。

　㈢　見せ玉事案の違反事実の記載方法について

　本書では、被審人が売抜けによる利益を確定させた後、最良気配値より下値に出していた買い注文を取り消していったという事実関係が認められたことから、本件を「見せ玉」の事案として整理した。しかし、上記課徴金納付命令決定書記載の事実には、「見せ玉」という語句は存在せず、「下値に大口の買い注文を入れたりする」という記載になっている。他の見せ玉事案でも同様に決定事実を記載するのが一般的である（理由については、第 6 章事例 6）。

## ▷ 事例3　買い上がり買付けの事例──ベクター株式外1銘柄に係る相場操縦事件
### ＜決定事実の概要＞

　被審人は、東京証券取引所に上場されていたベクターの株につき、同株の売買を誘引する目的をもって、平成 26 年 12 月 12 日から同月 17日までの間、4 取引日にわたり、複数の証券会社を介し、自己、同族会社及び親族名義を用いて、連続して直前の約定値より高指値の買い注文

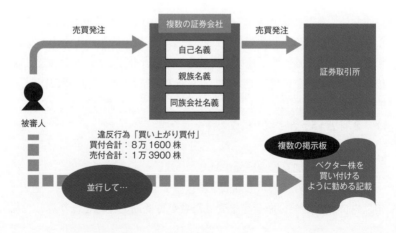

を発注して株価を引き上げるなどの方法により、自己、同族会社及び親族の計算において、合計 8 万 1600 株を買い付ける一方、合計 1 万 3900 株を売り付け、もって、前記株の売買が繁盛であると誤解させ、かつ、前記市場における前記株の相場を変動させるべき一連の売買をしたものである（他の 1 銘柄に関する事実は省略）。

## ＜課徴金納付命令に至る経過＞

　平成 27 年 6 月 26 日　：課徴金納付命令の勧告
　　　　　　　　30 日　：審判手続開始決定
　　　7 月 30 日　：課徴金納付命令の決定（課徴金 4688 万円）

## ＜解説＞

　被審人は、連続して直前の約定値より高指値の買い注文を発注して株価を引き上げるという、買い上がり買付けによる取引を行っていた。

　直前の約定値より高指値の買い注文を連続発注して株を買い付ければ、株価は当然引き上がるため、直ちに誘引目的をもって行われた変動操作だと認定するのは難しい。行為者からの「価格が高くても株を買いたかっただけである。」という主張も一概に不当ではない。しかし、本件の被審人は、一連の株取引と同時並行してインターネット上の複数の掲示板にベクター株の買付けを推奨する書込みを多数回投稿した上、他の投資者の買い注文により株価がさらに上昇したタイミングですかさず売り抜けていた。このような全体像から誘引目的が認定され、その上で、本件の買い上がり買付けが誘引目的の下に行われた違法な変動操作であると認定されたと考えられる。

　また、本件では、被審人自身の証券口座の他、同人が代表取締役を務める会社名義及び親族名義の口座が使用され、取引自体もこれら会社、親族の資金で行われていた。金商法は、課徴金納付命令対象者と一定の関係にある者の計算（他人の計算）で行われた取引については、対象者の「自己の計算」により行われたものとみなして課徴金額を計算するものとしている（同法 174 条の 2 第 1 項、第 6 項 1 号・2 号、課徴金府令 1 条の 17 第 1 項 4 号、第 2 項 1 号）。その結果、算出された本件の課徴金

額は他の 1 銘柄のものと併せて 4688 万円となり、個人に対する課徴金としては多額となった（課徴金事例集（平成 28 年 7 月）88 頁〜89 頁）。

## ▷事例 4　下値支え等の事例——大和重工株式に係る相場操縦事件

### ＜決定事実の概要＞

　被審人は、東京証券取引所に上場されていた大和重工の株につき、同株の売買を誘引する目的をもって、平成 31 年 3 月 18 日から同年 4 月 2 日までの間、11 取引日にわたり、成行又は高指値の買い注文を発注して、他の投資者が発注した売り注文を買い付けることにより直前の約定値より株価を引き上げたり、下値に複数の買い注文を重層的に発注したりするなどの方法により、2 万 4500 株の買付けの委託を行うとともに、3 万 4900 株を買い付ける一方、3 万 1600 株を売り付け、もって、自己の計算において、同株の売買が繁盛であると誤解させ、かつ、同市場における同株の相場を変動させるべき一連の売買及び委託をした。

### ＜課徴金納付命令に至る経過＞

　　令和 2 年 11 月 4 日　：課徴金納付命令の勧告
　　　　　　　　　11 日　：審判手続開始決定
　　令和 3 年 3 月 4 日　：課徴金納付命令の決定（課徴金 906 万円）

## ＜解説＞

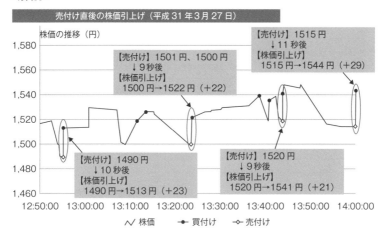

（課徴金事例集（令和 3 年 6 月）64 頁から引用して一部加工）

　被審人は、自己の保有する株を売り付けた直後に、その価格よりも高い価格で買い付けて株価を引き上げる、直前約定値より下値に重層的な買い注文を発注して自己の占有率を上げた後、最良買い気配より 1 円上に追加の買い注文を発注する等の方法により株価を人為的に引き上げ、誘引されたと認められる他の投資者の買い注文に対し、安値で仕込んだ株を売り付ける等の手法で利益を得ていた（課徴金事例集（令和 3 年 6 月）65 頁）。

　上図で示したように、被審人は、自己の保有する株をある一定の安値（1490 円・1500 円等）で売り付けてからわずか 9 秒から 11 秒後に、当該売付価格よりも 20 円以上の高値（1513 円・1522 円）で買い付けている。わずかな期間のうちに、安い価格で売って高い値段で買うというこのような取引は、一般的に、経済的合理性が乏しい行為と思われる。

　次に、次頁の図で示したように、被審人は、969 円から 980 円の価格帯に大量の買い注文を発注し、自ら買い板が厚い状態を作出した後、最良買い気配値の 1 円上（981 円）に買い注文を出している。他の投資者がここまで重層的かつ大量な買い注文が発せられて下値が強固に支え

下値に重層的な買い注文を発注

| 売り注文 | | 値段 | 買い注文 |
|---|---|---|---|
| | ∅ | 983 | ◎← ③誘引された買い注文 |
| | | 981 | ●← ②追加の買い注文 |
| ①重層的な買い注文 | | 980 | ●●●●● ●●●●● |
| | | 979 | ● |
| | | 978 | ● |
| | | 977 | ● |
| | | 976 | ●●●●● ● |
| | | 975 | |
| | | 974 | ●●●● ●●●● |
| | | 973 | ● |
| | | 972 | ● |
| | | 971 | ● |
| | | 969 | ●●●●● ●●●●● |

（注1）●は課徴金納付命令対象者の買い注文、○は第三者の売り注文、◎は誘引された第三者の買い注文を表す。
　　　　●、◎及び○は、各々1個で1単位（売買単位100株）を表す。
　　　　／は、注文が約定したことを表す。
（注2）一部を抜粋のうえ簡略化したもの。

（課徴金事例集（令和3年6月）64頁から引用して一部加工）

られている板状況を見れば、当該銘柄では買い意欲が極めて旺盛な相場が形成されていると誤信すると考えられる。そのような中で違反行為者から最良買い気配値の1円上（981円）に更なる買い注文が出されれば、他の投資者は、出来るだけ早い段階で株を買っておこうと考えるはずである。そして、こうした板状況に誘引されたと思われる第三者からさらに高値（983円）での買い注文が発せられ、これに対する第三者からの売り注文により、株価が同値段に引き上げられた後、被審人は、既に安値で仕込み済みの株を売り抜けたものと思われる。

　一連の被審人の発注は、安値で多くの株を買いたいという発注と高値でも買いたいという発注とを同時に行うという経済的合理性の乏しいものであり、自然の需給に基づく取引であるとは言い難く、よって、第三者を誘引する目的で行われた相場操縦であると認定されたものと考えられる。

## ▷事例 5　終値関与等の事例──ダイベア株式に係る相場操縦事件

### ＜決定事実の概要＞

　被審人は、東京証券取引所に上場されていたダイベアの株につき、同株の売買を誘引する目的をもって、平成 29 年 9 月 22 日午後 2 時 50 分頃から同年 10 月 19 日午後 3 時頃までの間、19 取引日にわたり、複数の証券会社を介し、直前の約定値より高指値の売り注文と買い注文を対当させて株価を引き上げるなどの方法により、同年 9 月 22 日から同月 26 日までに、合計 2 万株を買い付ける一方、合計 2 万 7000 株を売り付けるなどし、もって、自己の計算において、ダイベア株の売買が繁盛であると誤解させ、かつ、同市場における同株の相場を変動させるべき一連の売買を行った。

### ＜課徴金納付命令に至る経過＞

　平成 31 年 1 月 11 日　：課徴金納付命令の勧告
　　　　　　　　 17 日　：審判手続開始決定
　　4 月 18 日　：課徴金納付命令の決定（課徴金 273 万円）

### ＜解説＞

（課徴金事例集（令和元年 6 月）84 頁から引用して一部加工）

　被審人は、対当売買により株価を引き上げ、その過程で、他の投資者から発注された買い注文に保有株の一部を売り付けて利益を得ていた（上記「違反行為の例」①・②）。
　また、前記決定事実には詳しく記載されておらず「などの方法」に収

れんされているが、被審人は、指値出来ずば引け成行買い注文を発注し、大引けで約定させることで終値に直接関与していた（同③）。そして、翌日の寄付き前に、前日の終値以上の指値で売り注文を発注し、寄付きやその直後に売り抜けて利益確定させていた（同④）（課徴金事例集（令和元年6月）85頁）。

　本件はこれらの一連の行為が誘引目的に基づく変動操作と認められた事案であった。

　ザラバで行われる対当売買には、一般的に経済的合理性を見出すことは困難である。本件の対当売買も、他の投資者をして高値で株価が形成されていくだろうとの誤った認識を与えるものであり、現に、被審人は、対当売買によって株価を引上げる過程で、他の投資者から高値の買い注文が発注され、それに乗じて被審人は、買付け金額より高値で売り抜けて利益を確定させていた。

　また、終値は、上場株式の評価価値を示すものとして、その値付けの公正性が最も重視される価格である。終値に関与する株取引をすることが直ちに相場操縦と認められるわけではないものの、終値を引き上げるような買付けが反復継続して行われたり、終値を下げさせないようにする下値買い注文が大量に出されたりする場合には、変動操作に該当しうる。

　被審人は、都合7回にわたり終値に関与して終値を引き上げ、あるいは維持し、そして、翌日の寄付きやその直後に売り抜けて利益を確定させていた（同事例集84頁）。こうした一連の取引が、誘引目的をもって株価を引き上げて利益を出すために行われた相場操縦と認められたのだと考えられる。

## ▷事例6　アルゴリズム取引を誘引した事例——北越紀州製紙株式に係る相場操縦事件

### ＜決定事実の概要＞

　被審人は、東京証券取引所及び大阪証券取引所に上場していた北越紀州製紙の株につき、同株の売買を誘引する目的をもって、約定させる意思のない売り注文を発注したり、先に約定可能性のない程度に上値に指

値変更していた売り注文につき、約定させる意思がないのに、最良気配値又はその上値付近に再度指値変更する一方、約定させる意思のない買い注文を発注したり、先に約定可能性がない程度に下値に指値変更していた買い注文につき、約定させる意思がないのに、最良気配値又はその下値付近に再度指値変更するなどの方法により、

1　平成 22 年 6 月 14 日午後 0 時 35 分頃から同日午後 1 時 54 分頃までの間、102 万 6000 株の売り注文の発注等及び 116 万 7500 株の買い注文の発注等を行うとともに、51 万株の売買を自己に有利な株価で約定させ、

2　同月 15 日午前 9 時 29 分頃から同日午後 0 時 21 分頃までの間、同株式 117 万 6500 株の売り注文の発注等及び 149 万 7000 株の買い注文の発注等を行うとともに、54 万株の売買を自己に有利な株価で約定させ、

もって、自己の計算において、同株の相場を変動させるべき一連の売買及び委託をした。

**＜課徴金納付命令に至る経緯＞**
　平成 23 年 1 月 25 日　：課徴金納付命令の勧告
　　　　　　　　同日　：審判手続開始決定
　　　　2 月 16 日　：課徴金納付命令の決定（課徴金 57 万円）

**＜解説＞**
　本件は、被審人が、アルゴリズム取引を利用していた他の投資者の注文を誘引することを企図して相場操縦を行った事案である。
　アルゴリズム取引とは、コンピュータシステムが、その時点の株価や出来高に応じて、自動的に株の売買注文のタイミングや数量を決めて行う取引のことをいう（課徴金事例集（平成 23 年 6 月）52 頁）。被審人は、コンピュータシステムが瞬時自動的に反応してくるアルゴリズム取引の性質を踏まえ、約定意思のない売り注文・買い注文を発注して板を厚く見せることにより、アルゴリズム取引の売買注文を誘引するといった典型的な見せ玉を大量発注し、アルゴリズムを利用した他の投資者から、

違反行為者が売買したい株価で発注されると売買約定させるといった方法を繰り返し、利益を得ていた。

概要図

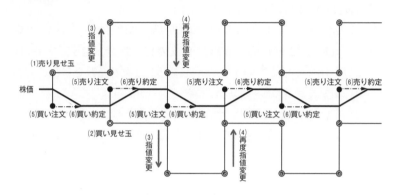

（課徴金事例集（平成23年6月）50頁から引用して一部加工）

　上図のとおり、違反行為者は、板を厚く見せる目的の下、約定させる意思のない売り注文（1）・買い注文（2）を発注した。その後、それらの注文を約定可能性がない程度の価格に指値変更（3）し、さらに、最良気配値付近に再度指値を変更する注文を出した（4）。これは、そのような注文に瞬時に反応してくる他の投資者からのアルゴリズム取引と考えられる注文が、違反行為者の買いたい株価・売りたい株価の指値で出されるのを意図して行われたものであった。そして、その意図どおり他の投資者の買い注文・売り注文が出されると（5）、自己の注文と約定させる（6）という行為を繰り返し行った（課徴金事例集（平成23年6月）50頁）。

　違反行為者はコンピュータシステムの背後にいるアルゴリズム開発者に対し、相場が自然の需給関係によって形成されたものと誤認させて売買取引に誘い込もうという目的を有していたと考えられるので、本件において誘引目的に欠ける点はないと認められたものと思われる。

　逆に、違反行為者がアルゴリズムを用いる場合であっても、違反行為者自身にこうした誘い込もうという目的があれば、誘引目的の認定に欠

ける点はないと思われる。

## ▷事例 7「他人の計算」が問題となった事例——ヤフー株式に係る相場操縦事件

### <決定事実の概要>

　被審人は、アメリカ合衆国デラウェア州法に基づくリミテッド・パートナーシップ形態のヘッジファンドであるAファンドに出資するとともに、ジェネラル・パートナーとしてAファンドに出資された資産の運用権限を有する、同州法に基づき設立され、同国ニューヨーク州に事務所を置くリミテッド・ライアビリティ・カンパニーである。また、Bは、被審人の業務執行社員及びケイマン諸島会社法に基づく株式会社形態のヘッジファンドであるCファンドとの間で締結した投資一任契約に基づいてCファンドに出資された資産の運用権限を有するD社の業務執行社員として、Aファンド及びCファンドの資産運用を統括していた者である。

　Bらは、被審人及びD社の業務に関し、東京証券取引所に上場していたヤフーの株につき、株価の上昇を期し、平成 21 年 3 月 17 日午後 0 時 30 分頃から同日午後 3 時頃までの間、同株の売買等を誘引する目的をもって、Aファンド及びCファンドの名義で、複数の証券会社を介し、直前約定値より高値の上限価格を提示した買付けの計らい注文を複数の証券会社に分散して発注する方法により、手口分散の情を知らない各証券会社をして当該発注を競合させて株価を 2 万 4310 円から 2 万 5340 円まで引き上げるなどし、3 万 2960 株の買付け等を行い、そのうち、被審人の計算において、Aファンド名義での 1 万 4172 株の買付け等によって、これに応じてAファンドにおける事業期間の純損益が各出資者に割り当てられるところの出資割合である 4.82％相当を取引するなどし、もって、同市場における同株の相場を変動させるべき一連の売買等をした。

### <課徴金納付命令に至る経緯>

平成 24 年 12 月 13 日　：課徴金納付命令の勧告

同日　　　　　：審判手続開始決定

平成25年1月28日　：課徴金納付命令の決定（課徴金6571万円）

## ＜解説＞

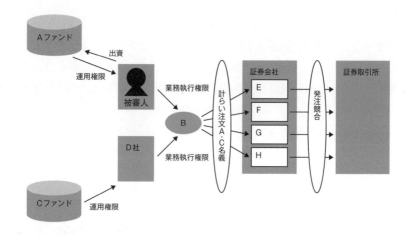

　本件は、Aファンド及びCファンドの資産運用権限を有する被審人が、ヤフー株の価格上昇のため、同株の売買等をさせるよう第三者を誘引する目的をもって、直前約定値より高値の上限価格を提示した買付けの注文（このような注文を「計らい注文」という）を、Aファンド及びCファンドの名義で複数の証券会社に分散して発注し、こうした分散発注の事実を知らない各証券会社による発注を競合させて同株の株価を引き上げたという事案である。

　本件では課徴金の算定における「他人の計算」が問題となり、実際に課徴金納付命令の対象となった取引は、被審人がAファンド名義で1万4172株の買付け等を行ったうち、被審人によるAファンドへの出資割合となる4.82%相当部分のみとされた。

　その理由は以下のとおりである。

　本件の変動操作が行われた平成21年当時、他人の計算で行われた相場操縦行為に対する課徴金について、金商法は、「違反者（金融商品取引業者等に限る。）が、その行う金融商品取引業……（略）……の顧客……

（略）……の計算において」行った場合を対象とした規定を置いていた。つまり、違反者を「金融商品取引業者等」に限るとしていた（旧金商法174条の2第1項2号ニ）。そして被審人は「金融商品取引業者等」ではなかったことから、被審人がAファンド及びCファンドの資産の運用として、同各ファンドの名義で行ったその取引部分について課徴金の対象とならなかったのである。

　ただし、本件では、被審人本人がAファンドに出資していたため、Aファンド名義の取引（1万4172株）のうち、被審人のAファンドへの出資割合（4.82％）については、被審人が「自己の計算」で買付け等を行ったものと評価できるとして、この部分についてのみ、課徴金の計算の基礎となった。

　このように、変動操作の一部しか課徴金の対象とすることができなかった事態を踏まえ、監視委は、違反行為の抑止の観点から、金融庁長官に法改正を求める建議を行った。これを受けて、「金融商品取引業者等」に該当しない者が、他人の計算において不公正取引を行い、対価を得ている場合においても、課徴金を課すことができるようにするため、平成24年の金商法改正において、上記旧金商法第174条の2第1項2号ニの「違反者（金融商品取引業者等に限る。）」が、その行う金融商品取引業……（略）……の顧客……（略）……の計算において」との文言を、「違反者が、自己以外の者の計算において」とし、金融商品取引業者等に限るとの限定文言を削除する形に改められた。

---

**コラム③　「他人の計算」の拡大**

　平成17年4月の課徴金制度の導入時、相場操縦に係る課徴金納付命令は、「自己の計算」において相場操縦を行った者のみが対象でした。「自己の計算」とは、「自分のお金などの資産を用いて」という意味です。

　しかし、課徴金制度の趣旨は違反行為の抑止にあるとされているので、課徴金の計算のあり方は、違反行為を実効的に抑止できる水準との関係で議論されるべきとも考えられます。課徴金制度の導入後の平成19年12月18日、金融審議会金融分科会から、「不公正取引については、誰の

計算において行われたかにかかわらず、市場規律を毀損する違反行為であり、その抑止が求められる。他者の計算（筆者注：違反行為者以外のお金などの資産を用いてという意味）で行われた不公正取引のうち、課徴金による抑止が有効と考えられるものについては、課徴金の対象とすべきである。」などと課徴金の対象範囲の拡大に向けた提言（「金融審議会金融分科会第一部会法制ワーキング・グループ報告～課徴金制度のあり方について～」3頁）がなされました。これを受けて、平成20年の金商法改正では、①違反者の親会社や親族等、違反者と経済的同一性が認められる者の計算による違反行為については、違反者が「自己の計算」で行ったものとみなす規定（金商法174条の2第6項）、②違反者が金融商品取引業者等の場合であって、その者が顧客等の計算によって違反行為を行った際には、違反行為の対価として得た手数料・報酬等の額を課徴金の対象とするとの規定（金商法174条の2第1項2号ニ）等が新設されました。

上記①のような事件は実務的にも頻繁に発生しており、課徴金納付命令の決定事実には「自己の計算及び親族等の計算で」などと記載されます。

また、上記②については、平成24年の金商法改正において、「金融商品取引業者等」「顧客等の計算」という限定が削除され、他人の計算による違反行為の対価として得た手数料や報酬等が広く課徴金の対象となりました。さらに、平成25年の金商法改正によって、特に資産運用業として他人の計算で違反行為を行ったときには当該売買等を行った日の属する月における報酬等相当額の3倍を課徴金額とするよう加算されました。

## ▷事例8　株価引上げ・対当売買・終値関与による相場操縦——ビート・ホールディングス・リミテッド株式に係る相場操縦事件

### ＜決定事実の概要＞

被審人は、東京証券取引所に上場されていたビート・ホールディングス・リミテッドの株につき、その売買を誘引する目的で、平成30年4月5日から同月27日までの間、17取引日にわたり、成行又は高指値で買い注文を連続して発注し、他の投資者が発注した売り注文を買い付けることにより直前の約定値より株価を引き上げたり、自身が発注した売り注文に成行又は高指値の買い注文を対当させて買い付けることにより

（課徴金事例集（令和 2 年 6 月）86 頁から引用）

　直前の約定値より株価を引き上げたり、引け条件付き成行で買い注文を発注して終値に関与したりするなどの方法により、合計 11 万 8459 株を買い付ける一方、合計 11 万 7482 株を売り付け、もって、自己の計算において、本件株の売買が繁盛であると誤解させ、かつ、同市場における本件株の相場を変動させるべき一連の売買をした。

## ＜課徴金納付命令決定に至る経緯＞

　　令和 2 年 1 月 28 日　：課徴金納付命令の勧告

　　　　　　2 月　4 日　：審判手続開始決定

　　令和 3 年 3 月　4 日　：課徴金納付命令の決定

　　　　　　　　　　　（課徴金 2357 万円/審判期間：約 1 年 1 か月）

## ＜審判における主な争点＞

　被審人は、

① 　株価引上げについては、株価が低いときに買い注文を発注し、さらに株価が上昇するのではないかと考えて追加で買い注文を発注したにすぎない。

② 　対当売買については、売り買いの判断が混乱して対当してしまった。

③　終値関与については、大引け時に1株だけ売り注文を出す投資者により、株価が下落し、その結果、被審人の本件株式の資産価値が下落していたため、資産価値の値下がりを防止する意図や売りが出る以上安く買おうとする意図で発注していただけである。

などと主張して、誘引目的を否認したため、各変動操作に誘引目的が認められるか否かが総花的に争点となった。

## ＜決定理由の要旨（筆者で一部修正）＞

（買い上がり買付けによる株価引上げについて）被審人は、2株から20株程度の小口売買単位で、成行又は高指値で買い注文を連続して発注して、直前約定値よりも高い最良売り気配に発注されている注文を買い付け、直前約定値より高い値段で約定させることを繰り返す等していた。小口の買い注文の連続発注による株価の引上げを繰り返すことによって、投資者に本件株式の株価が自然の需給関係により上昇しているものであると誤認させて本件株式の売買に誘い込む目的を有していたと推認できる。

（対当売買について）「被審人は、本件期間（17取引日）のうち11取引日において、自身が発注した売り注文に成行又は高指値の買い注文を対当させて、合計77回にわたり約定させ、うち9取引日の合計43回にわたって、直前約定値から株価を引き上げたことが認められる。対当売買は、実需がないにもかかわらず、自分が出した売り注文と自分が出した買い注文を対当させて出来高を作ることによって、自らの意図する株価を形成させようとするものであるから、投資者に本件株式の株価が自然の需給関係により上昇しているものであると誤認させて本件株式の売買に誘い込む目的を有していたと推認することができる。

（終値関与について）一般に、終値は、株式の価値を示す指標としてよく用いられるものであり、更に翌取引日の株価に影響を与えるため投資者に重視されるところ、被審人が、全取引日において、引け条件付き成行で買い注文を発注して終値に関与しただけでなく、多くの取引日において、大引け間際に成行又は高指値の買い注文の連続発注・約定により株価を引き上げたことによって、終値が高値となり、本件株式の価値が

上昇したとの外観が人為的に作出され、更に翌取引日の株価が高値に形成される可能性が高まることとなる。上記のような被審人の取引の態様からは、被審人が、投資者に本件株式の株価が自然の需給関係により上昇しているものであると誤認させて本件株式の売買に誘い込む目的を有していたと推認することができる。」

**＜解説＞**

　本審判では、被審人の行った買い上がり買付けによる株価引上げ、対当売買、終値関与の客観的状況から、誘引目的を有する変動操作取引であると認定された。

　被審人の弁解をみるに、株価引上げについては、被審人の行った取引が一般的に株価の上昇をもたらす態様のものであることは優に認められるし、下値支えを伴った買い上がりには経済的合理性を見出し難い。また、株価が引き上げられた状況については、61頁の「日足チャート」における「違反行為期間」の値動きを見ても明らかである。対当売買についても、その回数等に照らせば、誤って対当してしまったという弁解自体通用しないと思われる。さらに、終値関与に至っては、資産価値の値下がり防止の意図があったことを自白している。よって、弁解は誘引目的を否定する根拠となり得ないものであった。

　なお、本件の審判では、被審人が各変動操作を分解してそれぞれに誘引目的を有していなかったという主張を展開したこともあって、金融庁審判官は、それぞれの変動操作について別個に誘引目的が存在することを丁寧に認定するという手法をとったものと考えられる。しかし、金商法の条文上では、誘引目的をもって相場を変動させるべき一連の株取引を行ったと認められれば足りるのであるから、各変動操作を一連のものとして評価し、その一連の株取引に誘引目的の有無を総合的に検討するという手法でも良かったものと思われる。

　本件の審判では、誘引目的を認定する間接事実として、被審人の株取引の知識、経験等の背景事情についても検討された。具体的には、①被審人は、本件取引の時点で比較的長期（約13年間）の株取引の経験を有していたこと等から、株取引に関する一般的な知識を十分に有してい

たと認められること、②被審人が、証券会社から、平成24年頃以降、複数回、終値関与について注意を受けていた事実から、少なくとも、数日間連続して終値に関与すれば、投資者に株価が自然の需給関係により上昇しているものであると誤認させることを認識していたと認められること等の事情が、総合的に誘引目的の有無を検討する過程や被審人の弁解を排斥するにあたって考慮されている。

### コラム④　誘引目的の立証・認定について

　誘引目的とは、人為的な操作を加えて相場を変動させるにもかかわらず、投資者にその相場が自然の需給関係により形成されるものであると誤信させて有価証券市場における有価証券の売買取引に誘い込む目的をいいます。

　この誘引目的の立証・認定に当たり重要となる証拠は何でしょうか。

　誘引目的は主観的構成要件ですから、相場操縦を行った者の「自白」が直接証拠として重要なものとなるでしょう。相場操縦を行った者が上記のような誘引目的をもっていたことを素直に認めるなら、それで良いと思います。しかし、誘引目的の定義そのものが難解であるのとあいまって、相場操縦を行った者が素直に自白することは稀かもしれません。また、それらの者の自白が重視されればされるほど、捜査・調査機関による取調べは、自白獲得を目指す苛酷なものとなってしまうかもしれません。現代の刑事司法において、自白獲得のための過酷な取調べを許容すべきでないのは当然であり、自白以外の客観的な証拠によって適切に誘引目的の有無を認定できるようなポイントを検討すべきです。

　考えられる一つ目のポイントは、株価引上げの事件において、相場操縦を行った者が買い付けた（仕込み）株を売却したタイミングを重視すべきというものです。相場操縦を行った者が大量の株を継続的に買い付けていって、その価格を上昇させた直後に、他の投資者の売買によって独立の価格が形成される前に、すかさずその仕込み株を売却しているような取引状況がある場合、株価引上げに向けた大量の株の継続買付け行為は、他の投資者を誘引する目的で行われたと推認しうるでしょう。逆に、相場操縦を行った者が株価引上げ後に仕込み株を売却しなかったような事案では、「単に株が欲しかっただけだ。」という主張を招きやすいと思われます。

　次に考えられるポイントは、相場操縦を行った者の一連の株取引に経済的合理性があるか否かに着眼するというものです。相場操縦を行った者が相場を変動させるような取引をしていたとしても、それが経済的合理性のある取引をしているものと認められる限り、「正常な投資活動であって他の投資者を誤信させようというつもりはなかった。」という弁明が通る可能性が高いと思われます。したがって、相場操縦を行った者の一連の株取引を丁寧に分析することによって、経済的合理性のない取引を繰り返していると認められれば、自ずから誘引目的の下に行われていた取引であると推認できると思われます。

　さらに考えられるポイントは、相場操縦を行った者の株取引の知識、経験等の背景事情です。例えば、相場操縦を行った者が何十年もの株取引の経験を有していたり、証券会社のコンプラ部門等から変動操作に該当する可能性があるので取引を控えるように注意を受けた経験があったりなどの事情を認めることができれば、当該相場操縦を行った者は、どういった取引が他の投資者を誤解させやすいのか十分理解していただろうとの推測が働きます。ですので、そうした理解を前提に、なおも変動操作を行った者には誘引目的が存在していたとの推認が働くでしょう。

　また、少し目線を変えた立証方法として、実際に誘引された投資者から供述を得るということも考えられます。相場操縦罪の成否を決するにあたり、現実に他の投資者が相場操縦を行った者の変動操作によって自然の需給関係により形成された相場だと誤信させられたという因果関係までは不要です。しかし、相場操縦を行った者の変動操作によって実際に誘引されたと証言する投資者が現に存在すれば、客観的には他の投資者が誘引されうるような取引を行っていたことを立証できますので、「行為者は他の投資者が誘引されることを認識していたのではないか。」という推認に繋がりうると思われます。加えて、このような投資者の証言は、「本当に当該相場操縦で誘引された人が存在するのだろうか。」という素朴な疑問を解消し、心証形成に役立つという効果もあります。なお、刑事裁判では、情状立証も重視されるので、このような投資者の供述が、被害を受けた者の生の声を裁判官に届けることにも繋がります。

## ▷事例 9　課徴金の計算の基礎となる違反行為期間の認定方法が争われた事例——クロス・マーケティンググループ株式外 1 銘柄に係る相場操縦事件

### ＜決定事実の概要＞

　被審人は、東京証券取引所に上場していたクロス・マーケティンググループ株式の売買を誘引する目的で、平成 27 年 5 月 28 日から同年 6 月 2 日までの間、4 取引日において、直前の約定値より高指値の買い注文を発注して株価を引き上げたり、下値買い注文を大量に入れたりするなどの方法により、合計 22 万 3200 株の買付けの委託を行うとともに、合計 9 万 6600 株を買い付ける一方、合計 9 万 6600 株を売り付け、もって、自己の計算において、上記株の売買が繁盛であると誤解させ、かつ、前記株の相場を変動させるべき一連の売買及び委託をした（他の 1 銘柄に関する事実は省略）。

### ＜課徴金納付命令決定に至る経緯＞

　平成 28 年 11 月 22 日　：課徴金納付命令の勧告
　　　　　　 11 月 24 日　：審判手続開始決定
　平成 29 年 3 月 13 日　：課徴金納付命令の決定
　　　　　　　　　　　　　（課徴金 423 万円/審判期間：約 3 か月半）

### ＜審判における主な争点＞

　課徴金の計算の基礎となる違反行為期間の考え方

　本件の違反行為期間は、平成 27 年 5 月 28 日から同年 6 月 2 日までの 4 取引日とされているところ、被審人は、主に売抜けと利益確定をした最終日（同年 6 月 2 日）の取引を違反行為期間に含めるべきではないと主張した（同年 6 月 2 日が違反行為期間から除かれると、課徴金額が大幅に低くなる）。

▷事例 9　課徴金の計算の基礎となる違反行為期間の認定方法が争われた事例

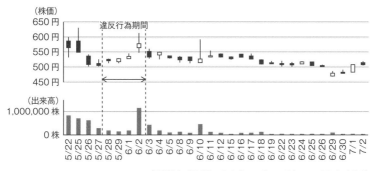

クロス・マーケティンググループの株価及び出来高の推移

（課徴金事例集（平成 29 年 8 月）82 頁から引用）

## ＜決定理由の要旨（筆者で一部修正）＞

　被審人は、「私自身の買い付けによって、6 月 2 日の出来高がここまで高くなるはずがない。したがって、6 月 2 日は違反行為期間に含めるべきではなく、この日の寄付きで売却した利益が全て課徴金額の計算の基礎になるのは認められない。」旨主張している。

　被審人は、6 月 2 日午前 8 時 4 分頃から午前 8 時 45 分頃にかけて、3 回に分けて合計 3 万株の約定する意思のない買い注文を発注した状態で、同日午前 9 時頃から午前 9 時 7 分頃にかけて、保有していた 9 万6000 株をすべて売り付けた上、同日午前 9 時 18 分 2 秒から午前 9 時18 分 26 秒にかけて合計 3 万株の買い注文の発注株数を合計 300 株に訂正している。このような同日の取引状況等を含め、関係各証拠から認められる違反行為期間の始期である同年 5 月 28 日午前 10 時 56 分頃からの同株式に係る被審人の一連の取引状況等を全体として評価すれば、同年 6 月 2 日に行われた取引も含め、被審人は、株式の売買を誘引する目的をもって、同株式の売買が繁盛であると誤解させ、かつ、同株式の相場を変動させるべき一連の売買及び委託を行ったもの認められる。

## ＜解説＞

　課徴金の計算方法は金商法で定められており、現実売買による相場操縦の課徴金の額は、違反行為期間中に自己の計算において確定した損益と、違反行為終了時点で自己の計算において生じている売り（買い）ポジションについて、当該ポジションに係る売付け等（買付け等）の価額と当該ポジションを違反行為後 1 か月間の最安値（最高値）で評価した価額との差額との合計額等によって算定される。このように、課徴金の額は違反行為期間によって異なってくるので、被審人にとって違反行為期間の認定は重要な関心事となる。

　違反行為期間は、金商法 159 条 2 項 1 号が「一連の有価証券売買等」と定めているとおり、被審人の行った「一連の」売買取引の始期と終期をもって画されるところ、本件では審判の対象とされた 6 月 2 日の取引が、それ以前の 3 取引日との関係で「一連の」取引と言えるかが問題となった。

　「一連の」売買取引とは、社会通念上連続性の認められる継続した複数の売買取引をいうところ、審判期日では、かかる一連性を示す証拠として、被審人が平成 27 年 5 月 28 日（木）、同月 29 日（金）、同年 6 月 1 日（月）の連続した 3 取引日において、複数回の買い上がり買付けや、かかる買い上がり買付けと買い見せ玉の組み合わせといった取引を複数回繰り返していたことがあげられ（課徴金事例集（平成 29 年 8 月）81 頁）、問題となった 6 月 2 日においても、寄り前における買い見せ玉の発注、前場取引開始直後における保有株の売抜け、売抜け後の上記買い見せ玉の大量取消といった取引を行っていた事実を認定し、かかる 3 取引日における取引状況と 6 月 2 日における取引状況を全体として評価した結果、社会通念上連続性の認められる継続した複数の売買取引として、「一連の」売買取引だと認定されたものと思われる。

## ▷事例 10　繁盛誤解等発生目的の認定が争われた事例
## ──岐阜銀行株式に係る裁定取引による相場操縦事件

### ＜決定事実の概要＞

　被審人は、平成 22 年 9 月 29 日から同年 12 月 16 日までの間、36

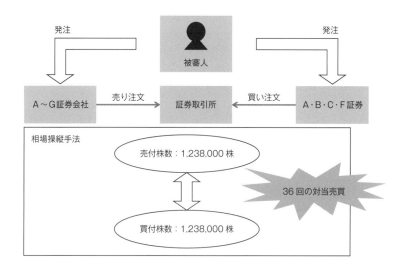

回にわたり、名古屋証券取引所に上場されていた岐阜銀行（平成24年
9月18日に十六銀行（以下「十六銀行」という）との合併により消滅）の
株の売買が繁盛に行われていると他人に誤解させる目的をもって、A証
券ほか複数の証券会社を介し、合計123万8000株につき、自己の売
り注文と自己の買い注文とを対当させて約定させ、もって、自己の計算
において、本件株の取引の状況に関し他人に誤解を生じさせる目的を
もって、権利の移転を目的としない仮装の有価証券の売買をした。

## ＜決定に至る経緯＞

平成 24 年 11 月 16 日　：課徴金納付命令の勧告

同日　：審判手続開始決定

平成 25 年 4 月 16 日　：課徴金納付命令の決定

（課徴金 153 万円／審判期間：約 5 か月）

## ＜審判における主な争点＞

繁盛誤解等発生目的の有無

被審人は、証券会社間の株の預替え及びそれによる担保の差替え、現

金と信用建玉等とのポジション調整、保管振替手数料の節約及び振替時の機会喪失の回避又は節税等のためにクロス取引を行ったにすぎないので違法ではないと主張した。

## <決定理由の要旨（筆者で一部修正）>

　金商法 159 条 1 項の「有価証券の売買が繁盛に行われていると他人に誤解させる等取引の状況に関し他人に誤解を生じさせる目的」とは、取引が頻繁かつ広範に行われているとの外観を呈する等、その取引の出来高、売買の回数、価格等の変動及び参加者等の状況に関し、他の投資者に、自然の需給関係によりそのような取引の状況になっているものと誤解されることを認識することをいう。本件取引は、いずれも、同一の者が同一銘柄の売り注文と買い注文とを発注し、同一時刻に対当して約定させるクロス取引である。クロス取引は、実質的な権利帰属主体の変更を伴わず、通常は経済的合理性のない取引である一方、自然の需給関係によらない取引であるのに、他の投資者に対し、自然の需給関係によって対象銘柄の出来高が増加したと誤認させる性質を有するものである。

　本件取引は、本件取引期間中の営業日の半分を超える 29 営業日において、他の投資者が取引の状況に着目する立会時間中に、36 回もの多数回にわたり、クロス取引を繰り返したというものであり、その市場占有率も低くはない以上、他の投資者に対し、自然の需給関係によって本件株式の出来高が増加したと誤認させるものというべきである。本件取引期間における本件株式の出来高が、本件取引期間の直前期間におけるそれの 2 倍を超えていることは、その証左である。本件取引は、本件株式の取引の出来高に関し、実際には自然の需給関係によるものではないのに、他の投資者に、自然の需給関係によりそのような取引の出来高になっているものと誤解させるといえる。

## <解説>

　岐阜銀行は、平成 22 年 9 月 28 日、十六銀行と連名で、①十六銀行を完全親会社、岐阜銀行を完全子会社とする株式交換を行うこと、②十

六銀行は、この株式交換に際し、本件株式 1 株につき、0.089 株の十六銀行の普通株式（以下「十六銀行株」という）を割り当てること、③この株式交換の効力発生日は 12 月 22 日とし、同月 16 日を本件株式の最終売買日、翌 17 日を本件株式の上場廃止日とする予定であること、④この株式交換の後、十六銀行を吸収合併存続会社とし、岐阜銀行を吸収合併消滅会社とする吸収合併を行う予定であること等を公表した。被審人は、この公表日の翌日である 9 月 29 日から上記③の本件株式の最終売買日である 12 月 16 日までの間、本件株式の価格を上記②の株式交換比率に基づいて換算した額と十六銀行株の価格とを比較し、割安な方の株式を買い付ける一方、割高な方の株式を、買付数量を上記②の株式交換比率で換算した数だけ売り付けることにより、それらの差額に相当する収益を得ようとする裁定取引を繰り返していた。そのような中で、被審人は本件違反行為に及んだものである。

審判官は、繁盛誤解等発生目的の意義に関する裁判例（大阪地判平成 18 年 7 月 19 日）を引用した上で、本件取引期間中の出来高がそれ以前よりも大幅に高くなっていること、クロス取引が多数回繰り返されていること、市場占有率が高いことといった事実を踏まえ、繁盛誤解等発生目的の存在を認定した。また、20 年以上の株取引の経験、証券会社からの複数回にわたるクロス取引に係る注意喚起を受けていたという事実等が、被審人の繁盛誤解等発生目的の認定において考慮されている。

仮に被審人の主張どおり本件のクロス取引に経済的合理性や他の目的があったとしても、繁盛誤解等発生目的の存在が認められる場合には、他に並存する目的があることや並存する目的との主従関係によって同号の成立が左右されるものではなく、金商法 159 条 1 項 1 号の仮装売買が成立しうる。被審人の上記主張等は、このような取引の一般的ルールを考慮せず、個人的都合をもってクロス取引が許容される旨述べるものにすぎないだろう。

## ▷事例11　グループ会社の中でどの法人を課徴金納付命令対象とすべきかが争われた事例——日本海洋掘削株式外44銘柄に係る相場操縦事件

### ＜事案の概要＞

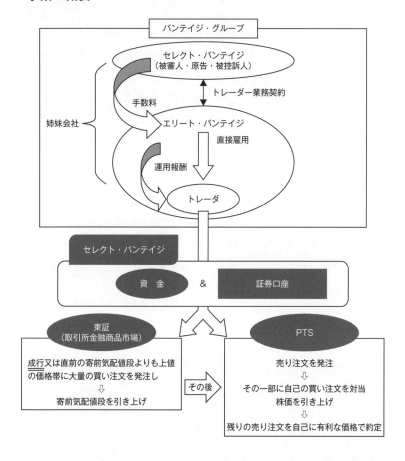

　セレクト・バンテイジ・インク（被審人・第一審原告・被控訴人）は、違反行為時、英領アンギラに登記住所を置き、自己資金により株式売買等を行って収益を得ることを業とする会社であるが、同社の株売買業務に従事していたトレーダーらにおいて、その業務に関し、金融商品取引所が上場する合計45銘柄の株につき、取引所である東証と取引所外で

ある私設取引システム（Proprietary Trading System。以下「PTS」という）を同時に利用して、株取引を行っていた。具体的には、東証において、後場寄付前の立会時間外に成行又は直前の寄前気配値よりも上値の価格帯に大量の買い注文を発注して寄前気配値を引き上げた上で、PTSにおいて、売り注文を発注し、その売り注文の一部に自己の買い注文を対当させて株価を引き上げて残りの売り注文を自己に有利な価格で約定させるなどの方法により、上記各株に係る一連の売買及び委託をした事案である（課徴金事例集（平成27年8月）79頁）。

金商法159条2項1号は、誘引目的をもって、有価証券売買等が繁盛であると誤解させ、又は取引所金融商品市場における上場金融商品等の相場を変動させるべき一連の有価証券売買等（有価証券の売買、市場デリバティブ取引又は店頭デリバティブ取引のこと）をすることを禁じている。ここで、「相場を変動させるべき一連の有価証券売買等」は、「有価証券の売買」に場所的な制限が付されていないことから、取引所で行われた行為はもちろん、取引所以外での行為も含んでいる。つまり、取引所金融商品市場（東証）における上場株の価格を変動させるべき行為であれば、その行為が取引所外で行われたものであっても同号で規制される。本件では、東証で行われた行為とPTSで行われた行為の両方が一連の変動取引と評価されたものである。

本件は、金融庁における審判手続に付され、審議の結果、セレクト・バンテイジ・インクに対して課徴金納付命令の決定が発出された。その後、これを不服とした同法人が、東京地方裁判所にかかる処分の取消しを求める旨の訴えを提起し（行政事件訴訟法3条2項）、一審において上記決定を取り消す判決が下された。しかし、これを不服とした国が東京高等裁判所に控訴したところ、控訴審は一審判決を取り消す旨の判決を下し、最高裁もこれを支持したことで、国側の勝訴が確定した。

**＜課徴金納付命令勧告から取消訴訟確定に至るまでの経緯＞**

　平成27年3月 6日：課徴金納付命令の勧告
　平成27年4月 7日：審判手続開始決定
　平成29年3月14日：課徴金納付命令の決定

（課徴金 2106 万円/審判期間：約 1 年 11 か月）

令和元年 9 月 27 日　：東京地裁、取消請求訴訟につき第一審判決

令和 2 年 7 月 10 日　：東京高裁、控訴審判決

令和 3 年 1 月 20 日　：最高裁、上告棄却（確定）

## ＜主な争点＞

　本件は、課徴金納付命令対象とされた法人（以下「対象法人」という）とは別法人の従業員が、対象法人の資金や証券口座を用いた取引を行った場合において、対象法人を違反行為者と認定することができるのかが、主な争点となった事件であった。

　具体的には、対象法人であるセレクト・バンテイジ・インク（以下「セレクト・バンテイジ」という）の株売買業務に従事していたトレーダーは、対象法人の従業者ではなく対象法人とは別の姉妹会社（同じ親会社を持つ別会社。概要図のエリート・バンテイジのこと）との間で雇用契約を締結していたところ、このような立場にあるトレーダーがセレクト・バンテイジの資金や証券口座を用いて相場操縦を行った。このような場合、セレクト・バンテイジを金商法 174 条の 2 第 1 項所定の「違反者」として、課徴金納付命令の対象とすべきか否かが問題となった。

　本件は、控訴審である東京高裁において、課徴金制度の趣旨からの検討の結果として、セレクト・バンテイジを金商法 174 条の 2 第 1 項所定の「違反者」とする判断がなされ、その判断が最高裁においても維持された。

## ＜取消訴訟の控訴審判決における判断内容＞（筆者にて一部修正）

　セレクト・バンテイジは本件各対象取引をした者であるかについて

a　当該法人の役員もしくは従業員と実質的に同視しうる者又は形式的には別個の法人ではあるが当該法人と実質的に同一体というべき法人の役員もしくは従業員が、当該法人のためにした行為も、金商法 174 条の 2 第 1 項との関係では当該法人の「違反行為」となり、当該法人が同項の「違反者」となる。このように解さなければ、当該法人が形式的に自らの役員もしくは従業員ではない者に自らの取引行為を委ねさえす

れば、又は当該法人が形式的に別個の法人に取引行為を委ねさえすれ
ば、取引行為を委ねられた者又は委ねられた法人の役員もしくは従業員
が同項所定の違反行為をしても、当該法人は同項による課徴金の制裁を
免れることになり、同項の目的は達せられなくなる一方で、このように
解しても当該法人の正当な利益を害することはないからである。

b　セレクト・バンテイジとエリート・バンテイジは、姉妹会社であ
る。そして、セレクト・バンテイジ、エリート・バンテイジは、バンテ
イジ・グループを形成している。また、セレクト・バンテイジは自ら有
価証券の売買等を行うトレーダーを雇用せず、有価証券市場での取引に
よる資金運用についてはエリート・バンテイジとの間で本件トレーダー
業務契約を締結して同社が雇用するトレーダーらに全面的に委ねてい
る。そして、バンテイジ・グループ内で、エリート・バンテイジのみ
が、有価証券の売買等を行うトレーダーを雇用しており、かつ、同社は
バンテイジ・グループ外の者のための業務を行っていない。

　セレクト・バンテイジの資金運用の態様についてみると、同社は、自
らトレーダーを雇用して有価証券市場における資金運用に当たらせるこ
とをせず、また、トレーダーを直接統括するオーナー兼マネージャーを
雇用することもせず、エリート・バンテイジとの間で本件トレーダー業
務契約を締結し、これに基づき、エリート・バンテイジが雇用するト
レーダーにセレクト・バンテイジが保有する証券口座を用いて直接取引
させて、その損益を自らに帰属させている。そして、同社は、この損益
に応じて算出される手数料をエリート・バンテイジに支払い、エリー
ト・バンテイジがトレーダー及びオーナー兼マネージャーに報酬を支払
う。エリート・バンテイジが雇用するトレーダーによる取引は、バンテ
イジ・グループ内の別法人役職員によって監視され、監督される。

c　確かに、形式的には、セレクト・バンテイジとエリート・バンテイ
ジは別個の法人格を有し、両者間の契約によって、エリート・バンテイ
ジからセレクト・バンテイジへの業務の提供とこれに対する同社からエ
リート・バンテイジへの報酬の支払がされている。しかしながら、エ
リート・バンテイジは、バンテイジ・グループに属するセレクト・バン
テイジの有価証券取引による資金運用にかかる業務のうち一部を担うも

のとして設立され、もっぱらバンテイジ・グループに属する同社の資金を有価証券取引により運用することのみを業とする法人というべきであって、そのトレーダーによる取引もバンテイジ・グループ内の別法人の役職員の監視、監督下にあるというのであるから、エリート・バンテイジの運営はそれ自体独立しているものではなく、バンテイジ・グループ全体で一体として行われていると認めるのが相当である。

　そうすると、金商法174条の2第1項の関係においては、セレクト・バンテイジの証券口座に関する本件各対象取引について、セレクト・バンテイジとエリート・バンテイジとは実質的に同一であるというべきであり、したがって、エリート・バンテイジが雇用したトレーダーが行ったセレクト・バンテイジの証券口座に関する取引行為が同項に違反する場合には、同社が違反者となるというべきである。

### ＜解説＞

　ア　課徴金審判、取消訴訟第一審、控訴審の考え方の骨子

　本件では、審判、取消訴訟の第一審、控訴審いずれも金商法159条2項の「何人」には法人も含まれることを前提とし、審判と第一審では、本件各トレーダーの行為が違反行為者（被審人・一審原告となったセレクト・バンテイジ）の業務として行われたものといえるかという枠組みでの判断がなされた。

　まず、課徴金審判では、①本件各取引においてセレクト・バンテイジ提供に係る資金及び取引システムが用いられていること、②本件各トレーダーに実質的にはバンテイジ・グループ内でセレクト・バンテイジ及びその子会社を通じた監督が及んでいたこと、③本件各トレーダーの報酬が、セレクト・バンテイジに帰属した利益を原資として、同社よりエリート・バンテイジに支払われた月額手数料の中から支払われたこと、④上記各取引がセレクト・バンテイジの計算によるものであり、損益は各トレーダーではなくセレクト・バンテイジに帰属していたこと、といった事情を総合して、本件各トレーダーの取引はセレクト・バンテイジの業務として行われたものと認定された。

　これに対し、取消訴訟の第一審である東京地裁は、法人が課徴金納付

命令対象者に当たるためには、当該法人の役員、従業員もしくは当該法人による指揮監督、雇用管理等の具体的な事情によりこれらの者と同視しうる者、又は当該法人からの具体的な指示を受けた者が当該法人の計算で当該相場操縦違反行為を行ったことを要するとし、本件各トレーダーがセレクト・バンテイジの従業員に当たるということはできず、また、セレクト・バンテイジから本件各トレーダーに対し、本件各対象取引を行うべき旨の具体的な指示があったことを認めるに足りる証拠はないことから、セレクト・バンテイジによる指揮監督、雇用管理等が本件各トレーダーに及んでいるなど本件各トレーダーをセレクト・バンテイジの従業員と同視すべき具体的な事情があるか否かを検討した。その上で、①同社が、本件各トレーダーを自ら雇用せず、エリート・バンテイジとの間で本件トレーダー業務契約を締結し、本件各トレーダーの雇用と同人らによる取引の執行をエリート・バンテイジに委託していることには一定の経済的合理性があること、②同社の計算による取引利益が各関係者間で相応に分配されることになっていることも、実質を伴わない形式的なものであるということはできないこと、③本件各トレーダーに対する直接の指揮監督権限は、エリート・バンテイジが雇用するオーナー兼マネージャーが有していたと認められ、また、本件各トレーダーが取引を行う場所及びシステムの提供並びに本件各トレーダーに対する報酬の支払などの雇用管理は、エリート・バンテイジがすることとされていたと認められること、④他方、上記各契約の内容に鑑みれば、セレクト・バンテイジによる本件各トレーダーに対する指揮監督及び雇用管理は及んでいなかったこと等から、本件各トレーダーをセレクト・バンテイジの従業員と同視することはできないとして、本件各トレーダーの行為はセレクト・バンテイジの業務として行われたものといえず、同社は「違反者」に該当しないと結論付けた。

　これに対し、控訴審では、本件各トレーダーの雇用主であるエリート・バンテイジと控訴審被告となったセレクト・バンテイジが実質的に同一体というべき法人か否かという、審判・第一審における判断の枠組みとは異なる枠組みを設定した上で判断を行った。つまり、セレクト・バンテイジとエリート・バンテイジとは別個の法人格を有しながら、実

質的に見れば、エリート・バンテイジの運営はそれ自体独立しているものではなく、セレクト・バンテイジを含むバンテイジ・グループ全体で一体として行われていると認めるのが相当であり、金商法174条の2第1項との関係においては、セレクト・バンテイジの証券口座に関する本件各対象取引について、同社とエリート・バンテイジとは実質的に同一であるとして、セレクト・バンテイジを課徴金納付命令対象者に該当すると位置付けた。そして、最高裁判所も、上告棄却の判断をしたことから、控訴審の考え方を支持したものと思われる。

イ　実務的な意義

　控訴審は、実際の取引を行った自然人が属する法人と、課徴金納付命令対象者であるその他法人とが「実質的に同一体」といえるような関係性が存在する場合には、当該自然人がその他法人のためにした相場操縦行為についても、その他法人に課徴金を納付させることができるという柔軟な判断をした。その中で控訴審は、当該法人が形式的には自らの役員もしくは従業員ではない者や、当該法人とは別個の法人に自らの取引行為を委ねさえすれば、それらの者が金商法174条の2第1項所定の違反行為をしても、当該法人が課徴金等の制裁を免れることになるのは不当であると述べており、違反行為の抑止という課徴金制度の要請を重視する価値判断を示したものと考えられる。

　もっとも、控訴審判決の中で、「金商法174条の2第1項の関係においては、」と繰り返し付言されている（下線部）ことや、「課徴金の制裁を免れることになり、同項の目的は達せられなくなる」といった判断が示されてもいることから、課徴金制度という特別な制度に限定した個別判断であることを表しているとも考えられる。

　今回の判断は、利益帰属主体である法人と変動操作を行った自然人の属する法人との関係をどのように認定するかという個別事案の事実認定の問題と思われるので、今後の実務としては、上記控訴審の考え方を参考にしつつ、証拠を十分に収集・吟味することが重要となる。

## コラム⑤　法人に対する課徴金納付命令の状況

　金商法上の課徴金納付命令は、法人に対しても直接的に下されます。これは、被告人個人の刑事責任を前提とし、両罰規定によって初めて法人に罰金刑を科すという建付けになっている刑事事件と異なる課徴金制度の特徴です。

　平成17年4月の課徴金制度の導入以降、令和3年3月末までの相場操縦に係る累計勧告件数91件（被審人ベース）のうち、14件（国内5件、海外9件）が法人（証券会社、投資会社等）を対象としたものです（課徴金事例集（令和3年6月）57頁〜58頁）。その事件の概要は以下のとおりです。

| | 事件名 | 納付命令日 | 手法 | 課徴金額 |
|---|---|---|---|---|
| 1 | タイガー・アジア・パートナーズ・エルエルシーによるヤフー㈱株式に係る相場操縦 | 平成25年1月28日 | 計らい注文による株価引上げ | 6571万円 |
| 2 | ジャガーノート・キャピタル・マネジメント・ピーティーイー・リミテッドによる㈱RISE株式に係る相場操縦 | 平成26年8月1日 | 見せ玉 | 4億3118万円 |
| 3 | セレクト・バンテイジ・インクによる㈱西島製作所株式外1銘柄に係る相場操縦 | 平成26年3月24日 | 見せ玉 | 6万円 |
| 4 | むさし証券株式会社によるTOPIX先物に係る相場操縦 | 平成26年6月26日 | 見せ玉 | 543万円 |
| 5 | アレイオン・アセット・マネジメント・カンパニー・リミテッドによる日東電工㈱株式に係る相場操縦 | 平成30年6月11日 | 下値支え等 | 6億8424万円 |
| 6 | セレクト・バンテイジ・インクによる日本海洋掘削㈱株式外44銘柄に係る相場操縦 | 平成29年3月14日 | 見せ玉等 | 2106万円 |
| 7 | ㈱エボ・インベストメント・アドバイザーズ・リミテッドによる㈱ディー・ディー・エス株式に係る相場操縦 | 平成28年3月4日 | 見せ玉（PTS） | 920万円 |

| 8 | ブルー・スカイ・キャピタル・マネジメント・プロプライエタリー・リミテッドによる㈱ミクシィ株式に係る相場操縦 | 平成28年5月23日 | 見せ玉等 | 744万円 |
|---|---|---|---|---|
| 9 | ㈱トレード・ラボによる㈱ウィズ株式に係る相場操縦 | 平成28年4月21日 | 対当売買等 | 382万円 |
| 10 | モルガン・スタンレーMUFG証券株式会社による㈱西武ホールディングス株式に係る相場操縦 | 平成28年12月16日 | 見せ玉 | 2億1988万円 |
| 11 | カスピアン・トレーディング・リミテッドによる江崎グリコ㈱株式外3銘柄に係る相場操縦 | 平成30年1月25日 | 見せ玉 | 1332万円 |
| 12 | アセットデザイン㈱による㈱エボラブルアジア株式に係る相場操縦 | 平成30年3月19日 | 上値抑え | 1億341万円 |
| 13 | 三菱UFJモルガン・スタンレー証券株式会社による長期国債先物に係る相場操縦 | 平成30年7月30日 | 見せ玉 | 2億1837万円 |
| 14 | シティグループ・グローバル・マーケッツ・リミテッドによる長期国債先物に係る相場操縦 | 令和元年6月6日 | 見せ玉 | 1億3337万円 |

　これらの案件の内容をみますと、14件のうち実に12件の事案で見せ玉（含、下値支え・上値抑え）の手法が用いられていることがわかります。

　見せ玉は、基本的には実際の売付けや買付けをしない手法ですので、大量の資金を用意する必要がありません。インターネットで注文する場合には、約定回避のため場に晒していた注文を一気に取り消すことも簡単です。資金力のないデイトレーダー等個人による相場操縦では主流な手法となっています。

　他方、法人の場合でも、例えば、証券会社のトレーダーは、証券会社内の規定等により、何日間もポジションを持ち続けることができないという制約下で自己売買業務をしますので、そのような者が相場操縦をするとなった場合には、ポジションを持ち続けなくても済む見せ玉の手法を用いることが多いのかもしれません。

# 第5章　刑事事件の捜査

## 1　概要

　相場操縦の刑事事件の調査・捜査は、第一次的に監視委特別調査課によって行われる。特別調査課は、金商法に規定された調査権限の範囲で、検察官への告発を最終目標として調査を行う。特別調査課による調査のことを犯則調査と呼び、その調査対象者のことを犯則嫌疑者と呼ぶ。犯則調査を受けて、検察庁は、刑事訴訟法に基づいて捜査を遂げ、起訴・不起訴の判断をする。

## 2　特別調査課による調査
### ⑴　特別調査課

　特別調査課は、平成4年に監視委が発足した当初から設置されている機関である。これまで仕手筋による相場操縦事件のほか、証券会社の損失補塡事件、上場企業の粉飾決算事件、インサイダー事件等多くの大型証券犯罪を摘発してきた。

　特別調査課は、証券犯罪の分野における第一次調査機関として、検察庁への告発に向けて犯則調査を行う。特別調査課は、情報収集・分析機関である市場分析審査課から送付されてくる事件をさらに深掘りし、もしくは、独自で端緒を掴み、犯則嫌疑者による変動操作を分析し、臨検捜索や犯則嫌疑者の質問調査等の調査を行う。

　特別調査課の人員構成については、活動状況（令和3年6月）に一部紹介されている（46頁、48頁）。検察庁から現役の検察官が出向して調査官への指導に当たっているほか、相場操縦規制に長年従事する調査官や証券会社等の民間企業出身の調査官、国税局・会計監査法人からの出向者、ITの専門家など多様なバックグラウンドを持つ人材が在籍している。

## ⑵　刑事事件の特徴

　特別調査課が扱う相場操縦事件は、仕手筋と呼ばれる職業的な相場操縦者による事案、暴力団等の反社会的勢力や発行体役職員等を巻き込む事案、投資者グループが多数の口座を用いて大量の資金を投入する事案、会社組織による事案など、重大かつ複雑な事件であることが多い。検察庁が起訴すべき事件は、裁判所の公開法廷で審理するに足りる意義・迫力を求められるので、自ずから、検察官への告発を目指す特別調査課もそのような性質の事件を扱うことになる。

　このような事件は、事案を解明するのに膨大な作業量と人員を必要とする。加えて、刑事裁判で求められる高い立証のハードルをクリアしなければならない。したがって、調査期間が数か月から 1 年を超える長期になることは珍しくない。

## ⑶　特別調査課の調査権限

　特別調査課の調査権限や告発までの手続については、金商法 210 条以下で定められている。

### ア　調査対象となる事件の範囲

　監視委の職員は、犯則事件を調査するため必要があるときは、犯則嫌疑者もしくは参考人に対して、出頭を求め、犯則嫌疑者等に対して質問し、犯則嫌疑者等が所持しもしくは置き去った物件を検査し、又は犯則嫌疑者等が任意に提出しもしくは置き去った物件を領置することができる（金商法 210 条 1 項）。犯則事件とは、金商法第 8 章の「罰則」に掲げられた金商法違反の罪のうち金商法施行令 45 条 1 号から 9 号で定められたもののことである。相場操縦の罪（金商法 197 条 1 項 5 号、159 条）は、同施行令 45 条 1 号により犯則事件とされている。例外として、犯罪による収益の移転防止に関する法律（犯収法）32 条によってマネロン罪の一部に関して調査権限が付与されている。

　しかし、現実には、上記の調査権限の範囲内に収まらない他の刑事事件が不可分一体に起きる。例えば、犯則嫌疑者が相場操縦の罪を犯したときの資金を不特定多数の者から元本保証で預かっていたという場合、

犯則嫌疑者には相場操縦の罪に加え、出資の受入れ、預り金及び金利等の取締りに関する法律（出資法）違反も成立する。このような場合、特別調査課は、出資法違反事件を調査する権限を持っていないので、都道府県警察や検察庁に捜査の端緒を提供する。

### イ　調査権限の法的性質

特別調査課は、裁判官の発する許可状により行う臨検、捜索及び差押えという強制的な調査権限（金商法211条、211条の2）を有している。弁護士等が押収拒絶権を行使する場合を除いて、何人も裁判所の許可状に基づく強制調査を拒否できない。

犯則嫌疑者は、特別調査課の質問調査において黙秘権（憲法38条1項）を行使することができる。前掲川崎民商事件最高裁判決は、「（憲法38条1項による）保障は、純然たる刑事手続においてばかりではなく、それ以外の手続においても、実質上、刑事責任追及のための資料の取得収集に直接結びつく作用を一般的に有する手続には、ひとしく及ぶものと解するのを相当とする。」と判示しているところ、特別調査課の質問調査は「刑事責任追及のための資料の取得収集に直接結びつく作用を一般的に有する」性質を持つからである。

また、取引調査課による調査が間接強制であるのと異なり、特別調査課の犯則調査は間接強制とされていないので、特別調査課の調査協力の要請を拒否しても、それによって処罰されることはない。

## ⑷　犯則調査の端緒

特別調査課が相場操縦事件の調査を開始する端緒は様々である。

まず、特別調査課が独自で端緒を掴んで調査を開始する場合が考えられる。次に、課徴金事件と同様に、市場分析審査課において相場操縦に該当する疑いがあると認められた事案のうち、犯則事件として処理すべき事案の送付を受ける場合がある。

また、自主規制法人の法人案内によると、売買審査部は、独自に市場監視をしており、発見された相場操縦等の不公正取引すべてを監視委に報告しているとのことである。したがって、特別調査課は、自主規制法

人売買審査部からの情報提供を端緒として調査を開始する場合もありうる。

## (5)　任意調査

　特別調査課による調査の方法や手続に関する公表資料は少ない。

　しかし、刑事事件も課徴金事件も、相場操縦事件を解明するという点では同じなので、特別調査課の犯則調査は、基本的に、取引調査課が行う課徴金調査と多くは変わらないはずである。

　刑事事件の相場操縦でも、変動操作の内容を客観的に立証するために必要不可欠なツールである「場帳」や「場の再現（板の再現）」を作成し、犯則嫌疑者の変動操作の全容を解明する。課徴金事件と共通と思われる点は第3章で述べたとおりであるので、以下、刑事事件特有の調査事項等について記する。

### ア　銀行調査等の基礎調査

　取引調査課の課徴金調査と同様に、犯則嫌疑者や関係者の所在、資産・生活態様等を入念に調査する。

　もっとも、犯則事件の調査は、犯則嫌疑者グループの中での共謀関係や、犯則嫌疑者個人にどのような刑事責任を科せられるか、また、その量刑をどのように決めるべきか、といった視点からも実施される。犯則嫌疑者の銀行口座や証券口座を分析し、また、相場操縦の資金をどのように用意したのか、相場操縦で得た利益をどのように分配したか等の事実を解明する。

### イ　質問調査

　特別調査課は、必要に応じて調査対象者に対する質問調査を実施し、調査対象者から当該取引に係る説明を求め、その供述内容を質問顛末書にまとめる。事案の全体像を解明するため、相場操縦に使用された資金やその利益を享受していると疑われる者や、証券口座を犯則嫌疑者に貸したと疑われる者がいれば、当然、それらの者に対する質問調査も実施される。

犯則嫌疑者に対する質問調査は、課徴金事件と同様に、犯人性、相場操縦の故意・誘引目的等を中心に行われると思われる。ただ、刑事事件では、事件関係者が多数に上る場合が多いので、共犯者との共謀状況、会社ぐるみの事案である場合には会社内での報告状況、経営陣の関与等に関する事項が問題となることが多い。

ウ　自主規制法人売買管理部から「意見書」を徴求

過去の刑事裁判の経過を見ると、自主規制法人売買管理部の調査役が作成した「意見書」が検察側の証拠として裁判所へ提出されていることが多い。この意見書には、犯則嫌疑者の変動操作が株価の形成に与えた影響等に関する調査役の見解が示されている。

このような意見書は、特別調査課が売買管理部で市場監視に長年従事している調査役に証拠を提供し、その証拠に基づいて調査役が作成したものである。刑事裁判を担当する裁判官の中には、株取引にそれほど明るくない者がいるかもしれないので、証券取引所に勤務する相場操縦規制のプロの目線で、専門的な解説を加える。

## (6)　強制調査（臨検捜索差押え）

監視委職員は、臨検捜索差押許可状を裁判所に発するよう請求することができる（金商法211条1項）。そして、特別調査課は、裁判所から発布された臨検捜索差押許可状を執行し、関係箇所を捜索し、関係証拠を押収する。

近年では、一般的な捜査手法として、関係者の自宅、勤務先等のコンピュータやスマートフォンに残るデータを吸い上げたり、パソコン等の機器に残っているデータを再現したりするデジタルフォレンジック捜査が盛んになっているようである。

## (7)　都道府県警察との合同捜査・調査

相場操縦事件の中には、暴力団等の反社会的勢力が関与する事件、犯則嫌疑者が執行猶予中であり調査着手後直ちに身柄を確保すべき事件も存在する。そのような場合、特別調査課は、都道府県警察と合同調査・

捜査本部を組んで調査を進めることがある。過去の事件の経過を見ると、一般の刑事事件と同様に、警察が犯則嫌疑者を逮捕し、身柄付きで検察庁に事件送致するという流れになることが多いようである。

## 3　告発までの手続

### (1)　検察庁への報告・相談

　特別調査課による犯則調査の最終目的は、検察官への告発である。

　そうすると、特別調査課は、検察官に告発を受理してもらえるよう調査を進めるのが原則であるので、調査が相当程度進んだ段階で、検察庁の担当検察官に調査の進捗を報告し、告発受理の可否について相談しつつ、担当検察官から指摘される課題点をクリアーすべく調査を継続することになると思われる。

### (2)　告発

　過去の相場操縦事件の事件処理手続を見ると、検察庁の起訴日の当日又は数日前に、監視委が検察官へ告発している事件が多いことがわかる。これは、監視委の告発が、実務上、検察官が独自に捜査し、犯則嫌疑者を起訴することができると判断した後、検察官からその連絡を受けて行われることが多いためと思われる。

　告発は、監視委の委員長と委員が委員会で協議し、検察官へ事件を告発するという決議をすることによって行われる（金商法 226 条）。

　監視委による相場操縦事件の告発は、平成 5 年 5 月の日本ユニシス株券にかかる相場操縦事件を第 1 号として、令和 4 年 3 月末までに 30 件存在する（ただし、共犯者間で告発日がずれた事件、犯則嫌疑者が同じ銘柄でも時期を異にして相場操縦したことにより複数回起訴されている事件を 1 件でカウントしている）。

## 4　検察捜査

　検察官による捜査は、刑事訴訟法にのっとって行われる。

　刑事訴訟法上、犯罪を犯した疑いのある者のことを被疑者と呼ぶ。

　刑事事件の相場操縦事件の捜査は、東京、大阪及び名古屋の各地検に

設置された特別捜査部、横浜、千葉、さいたま、神戸、京都等の各地検に設置された特別刑事部が担当する場合が多いが、過去には、相場操縦を行った者が居住する地域を管轄する地方の小さな地検（釧路、大分等）が捜査、起訴した事件もある。

　過去の事件の捜査経過を見ると、通常、検察官は、特別調査課が一定の調査を遂げた段階で、特別調査課から調査内容の報告を受けていることがわかる。このような報告は、刑事訴訟法上の事件送致といった法令上の根拠のあるものではない。したがって、被疑者・弁護人などの外部の者は、検察官がいつ特別調査課から報告を受けているのか正確に把握することはできない。

　検察官は、自ら、被疑者・参考人の取調べを行う。検察官は、監視委の調査を踏まえ、裁判で争点となるべき点を深堀りするので、取調べはより争点に則した詳細なものとなる。特に、刑事事件の相場操縦事件は、複雑で共犯者多数の事件が多く、往々にして、被疑者の相場操縦の故意、誘引目的、共犯者との共謀、組織トップの関与などの主観面や共謀関係が争点になることが多い。

　検察官は、監視委とは異なる独自の観点で取調べを行い、検察官面前調書を作成する。過去の事件の裁判を見ると、監視委が作成した質問調書が刑事裁判に提出されることは多くないので、検察官は一から供述調書を取り直しているようである。

　また、検察官は、検察捜査の過程で、関係箇所の一斉捜索、被疑者の逮捕・勾留などの強制捜査を実施することがある。過去の相場操縦事件の経過を見ると、検察官は、強制捜査に踏み切ることが多い。

　検察官は、捜査を遂げた結果、有罪立証が可能であると判断した場合、監視委から告発を受け、被疑者を起訴する。他方、検察官は、検察捜査の結果、有罪立証が困難であると判断した場合、その旨特別調査課に伝えて告発を控えさせる。この場合、監視委は、犯則事件としての告発は不可能としても、課徴金納付命令勧告をすることができないか検討することになる。

## 5　刑事裁判

### (1)　裁判手続

　検察官が相場操縦事件で被疑者を起訴すると、刑事裁判が始まる。

　被疑者は、起訴と同時に被告人という立場となる。

　相場操縦事件の刑事裁判の流れは、通常の刑事裁判と同じである。裁判員裁判対象事件ではないので、職業裁判官が有罪・無罪の別、量刑を判断する。

　相場操縦事件の刑事裁判手続で特有な点としては、自主規制法人売買審査部の調査役が作成した意見書について、証人尋問が実施される可能性があることであろう。筆者が把握している限り、令和4年3月までに、刑事裁判において、意見書を作成した売買審査部調査役の証人尋問が実際された裁判例は4件存在する（日信工業事件、セントラル総合開発事件、新日本理化事件、ストリーム事件）が、いずれも、裁判所は当該意見書及び調査役の証言の信用性を認める判決を下している。

### (2)　過去の相場操縦事件の裁判結果の概観

　過去の刑事裁判の結果を見ると、執行猶予付き有罪判決が大半を占める。詳細は、巻末「参考資料2　告発事件一覧表」のとおりである。

　無罪判決が出されたのは大阪取引所事件一審判決（大阪地判平成17年2月17日）のみである。ただし、同事件も控訴審である大阪高裁で逆転有罪判決（大阪高判平成18年10月6日）が出され、最高裁で有罪判決が確定したので、結局、無罪が確定した事件は存在しない（巻末一覧表・事件番号6）。

　実刑判決が出された裁判例は少ない。その中身を見ると、ケイエス冷凍食品にかかる株価固定事件（丸八証券事件、巻末一覧表・事件番号16）は、丸八証券元役員であった被告人が第一審（名古屋地判平成20年9月9日）で実刑判決を受けたものの、控訴審（名古屋高判平成21年3月30日）が一審を破棄して執行猶予を付し、そのまま確定した。GABA株券等にかかる相場操縦事件（福岡高判平成25年1月25日）は、被告人が相場操縦の罪以外に詐欺・犯収法違反等でも有罪判決を受けたという事案であった（巻末一覧表・事件番号20）。fonfun株券にかかる相場操縦

事件（神戸地判平成 27 年 4 月 14 日）は、被告人が別罪で執行猶予中で
あったうえ、相場操縦の罪以外に出資法違反でも有罪判決を受けたとい
う事案であった（巻末一覧表・事件番号 23）。

# 第6章　過去の刑事事件

## ▷事例1　金商法 159 条 2 項 1 号の「誘引目的」の解釈が示された事例——協同飼料株券にかかる相場操縦事件

### ＜事案の概要＞（第一審判決より要約）

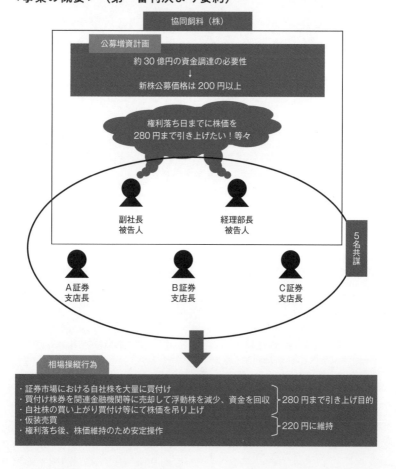

協同飼料（株）

公募増資計画
約 30 億円の資金調達の必要性
↓
新株公募価格は 200 円以上

権利落ち日までに株価を
280 円まで引き上げたい！等々

副社長
被告人

経理部長
被告人

5名共謀

A証券
支店長

B証券
支店長

C証券
支店長

相場操縦行為

・証券市場における自社株を大量に買付け
・買付け株券を関連金融機関等に売却して浮動株を減少、資金を回収
・自社株の買い上がり買付け等にて株価を吊り上げ
・仮装売買
・権利落ち後、株価維持のため安定操作

280 円まで引き上げ目的

220 円に維持

　協同飼料は、借入金の利息返済に追われていた 1972 年当時、時価発行公募を含む増資によって約 30 億円の資金調達を行うことを企画した。そのためには、新株の公募価格を少なくとも 200 円にすることが必要であり、当時 170 円から 180 円であった同社株の価格を権利落ち日頃までに 280 円程度にする必要があった。しかし、当時の同社の業績等からして自然の需給によって 280 円程度まで株価が上昇するとは考え難かった。そこで、同社の当時の副社長と経理部長は、大手証券会社 3 社の支店長らと共謀の上、自社株を大量に買い付けたうえ、これを関連金融機関、事業法人等に売却して浮動株を減少させるとともに、売却し得た資金で、さらに自社株を買い付けるという方法で株価を吊り上げることとし、同年 7 月から 11 月までの間、買い上がり買付け、買い支え等の方法で同社の株を継続して買い付け、また、仮装の売買をした。さらに、権利落ち後は、この株価を 1 株 220 円に維持した。

## ＜裁判等の経過＞

①　東京地検は、昭和 48 年 3 月、協同飼料の元副社長、元経理部長、法人としての協同飼料らを起訴

②　第一審判決（東京地判昭和 59 年 7 月 31 日）
　　元副社長に懲役 1 年 6 月執行猶予 3 年、元経理部長に懲役 1 年 2 月執行猶予 3 年
　　法人としての協同飼料に罰金 30 万円

③　控訴審判決（東京高判昭和 63 年 7 月 26 日）控訴棄却

④　上告審（最決平成 6 年 7 月 20 日）上告棄却

## ＜解説＞

　本件は、昭和 23 年に旧証券取引法が施行されて以来、初めて起訴された相場操縦事件であり、最高裁が誘引目的の解釈を示したものとして著名である。

　ア　「誘引目的」の解釈
　最高裁は「改正前の証券取引法 125 条 2 項 1 号後段は、有価証券の

相場を変動させるべき一連の売買取引等のすべてを違法とするものではなく、このうち『有価証券市場における有価証券の売買取引を誘引する目的』、すなわち、人為的な操作を加えて相場を変動させるにもかかわらず、投資者にその相場が自然の需給関係により形成されるものであると誤信させて有価証券市場における有価証券の売買取引に誘い込む目的をもってする、相場を変動させる可能性のある売買取引等を禁止するものと解される。」と判示し、現行の金商法159条2項1号「有価証券市場における有価証券市場の売買取引を誘引する目的」（誘引目的）の解釈を示した。

### イ　最高裁判決の意義

　有価証券市場において、ある程度まとまった数量の株の売買が行われた場合、必然的に株価は変動する。仮に、相場を変動させるべき取引の一切を違法とすると、誰も株取引をしようとする者が現れなくなってしまう。そこで何らかの基準によって株取引を適法なものと違法なものに区別する必要がある。金商法159条2項1号後段に規定された現実取引による相場操縦罪の構成要件は、①「有価証券市場における有価証券の売買取引等を誘引する目的（誘引目的）」をもって、②「当該有価証券等の相場を変動させるべき一連の有価証券の売買取引等又はその委託・受託（変動取引）をすること」である。協同飼料事件では、第一審である東京地裁から最高裁まで、違法な株取引と適法な株取引を区別するため、この①と②の要件をどのように解釈するかが問題となった。

　この点について、控訴審である東京高裁判決は、「誘引目的とは、有価証券市場における当該有価証券の売買取引をするように第三者を誘い込む意図であり、その一方、変動取引とは、単に取引自体が相場を変動させる可能性をもっている取引ということではなく、相場を支配する意図をもってする、相場が変動する可能性のある取引である。」と判示し、②の変動取引の内容を限定的に解釈することで、違法な株取引と合法な株取引との区別の基準とすべきとした。

　しかし、最高裁は、前記アのとおり、①の「誘引目的」を高裁判決よりも厳格に解釈し、「誘引目的」を違法な株取引と合法な株取引との区

別の基準にすべきであると判示した。

ウ　実務に与えた影響

　最高裁判決で示された「誘引目的」の解釈は、現在でも、捜査実務・裁判実務で引用され、定着している。ただし、実務的には、「誘引目的」を認定すべき証拠をいかに収集し認定するかが重要であるところ、取引の動機、株取引の態様、その経済的合理性、売買取引に付随した前後の背景事情等の客観状況や関係者の供述証拠で判断するので、結局のところ、「誘引目的」の解釈について最高裁の考え方を採用しようと、東京高裁の考え方を採用しようと、大きな差異はない。それゆえ、コラム①で紹介した金融審議会の中間報告書（平成 4 年）は、協同飼料事件の東京高裁判決を基礎として変動取引に該当する行為を検討したものであるが、同報告書に記載されている事項を検討すれば、自ずから最高裁が解釈した「誘引目的」の認証に役立つ事実を検討することができる。

エ　「誘引目的」の内実に関する下級審判例

　ソキア株券にかかる相場操縦事件判決（大阪地判平成 18 年 7 月 19 日）は、協同飼料事件最高裁判決で示された「誘引目的」の解釈を前提に、その内実について踏み込んだ考え方を示したもので、下級審判例とはいえ実務に大きな影響を与えたといえる。同判決は、「（最高裁が解釈した「誘引目的」に登場する：筆者注）『自然の需給関係』とは、相場を変動させるような人為的操作とは無関係な投資者らが、それぞれの経済合理性に基づく意図を有しながら取引に参加している状態において行われた買い付けの注文と売り付けの注文との関係のことであると解される。」「法は、他の投資者に不測の損害を与える可能性のある取引だけに限られず、自由公正な有価証券市場としての信頼を損なう危険性のある不公正な取引を禁止しているものと解される。すなわち、人為的な操作を加えて相場を変動しようとしている者が、当該取引が投資者に誤解を与え、それに基づいて取引に参加する可能性があるものであることを認識しながら、その意図に基づいて取引を行った場合、その取引は法の禁止に触れるものといわなければならない。その者が、現実に、株券を購入し又

は売却しようとする場合であっても、上記のような取引に当たる以上、禁止されるものであることに変わりはない。」と判示した。その上で、ソキア事件大阪地裁判決は、弁護人が「誘引目的について、一般投資家が取引に誘い込まれる認識では足りず、一般投資家を誤解させ、取引に誘い込む積極的な意図が必要である」と主張したのに対し、「本罪の成立には、投資家を積極的に取引に誘い込む意図までは必要ではない」とした。

　同判決のように、「誘引目的」の内実を、投資者を積極的に取引に誘い込む意図まで必要ではないと解釈すると、違法な株取引と合法な株取引とを区別する基準としてはかなり抽象化してくるのではないかと考えられる。そして、この裁判例は、特に調査・捜査の現場に対し、行為者の取引形態を客観的に分析することによって、当該取引が証券取引市場に参加しうる一般的な投資者に誤解を与え、それに基づいて取引に参加する可能性があると認定できれば、行為者がその可能性を認識できるはずであるから、行為者が「誘引目的」をもって違法な株取引を行ったものと推認できるという考え方を浸透させる効果があったと思われる（誘引目的の立証・認定については、コラム④）。

　オ　現代的な課題

　近年、最高裁が解釈した「誘引目的」が存在しない、すなわち、他の投資者の株取引を誘い込もうとするのではなく、他の投資者に株取引をさせるのを控えさせる目的で、相場に人為的な変動を与えようとする株取引をした者に対し課徴金納付命令が下された事例が登場している。この場合、「誘引目的」を前提とする金商法 159 条 2 項 1 号は成立しないが、不公正な取引であることは疑いがない。いくつかの対応策が考えられると思うが、監視委は、金商法 158 条の偽計（罪）を適用して課徴金納付命令勧告をするという対応をした。それについては、第 7 章で紹介する。

## ▷事例2　仮装売買に関するリーディングケース——日信工業株券にかかる相場操縦事件

### <事案の概要>

　被告人は、3.3倍のレバレッジが効いた信用取引を行うための代用有価証券として、現物取引で買い付けた日信工業株を差し入れる（いわゆる二階建て）取引をしていたところ、平成13年7月19日までに同株の価格が下落し、同月23日取引開始時点では追証を差し入れなければならない状況であった。この状況下、被告人は、同月23日から8月6日までの間、合計84回、9万5600株のクロス取引を行った。特に、7月26日、同月30日、8月2日、同月3日、同月6日は、出来高のうち20％以上を被告人のクロス取引が占め、その他の取引日においても1500株（7月23日）、2400株（同月24日）、1万株（同月27日）と相当数のクロス取引を行った。

　裁判で、被告人は、自身の行ったクロス取引には正当な理由があったと弁解した。そこで、仮にそうした弁解が認められるとしても、当該クロス取引がなお繁盛誤解等発生目的を伴う違法な仮装売買といえるか否かが争点となった。

　なお、被告人は、誘引目的をもって、終値関与、高値での対当売買等の変動操作を行ったとして現実売買による相場操縦罪でも起訴され有罪判決を受けた（下記「罪となるべき事実」参照）が、ここでは解説を省略する。

### <罪となるべき事実の概要（要約）>

　被告人は、東京証券取引所に上場されていた日信工業の株について、その株価の高値形成を図り、同株の売買を誘引する目的をもって、平成13年7月23日から同年8月6日までの間、終値を引き上げる、高指値の買い注文を発注して株価を引き上げる、下値の買い注文を発注して下落を防止するなどの方法を用いつつ、前後10取引日にわたり、自己名義で、証券会社3社を介し、合計19万9100株を買い付ける一方、合計15万7800株を売り付け、さらに、自己名義で、証券会社2社を介し、合計5万700株の買い付けの委託を行い、同株の価格を4190

円から4860円まで高騰させるなどし、もって同株の売買が繁盛である
と誤解させ、かつ、同株の相場を変動させるべき一連の売買及びその委
託をするとともに、他人をして同株の売買が繁盛に行われていると誤解
させる等同株の売買の状況に関し他人に誤解を生じさせる目的をもっ
て、同期間中、同市場において、8取引日にわたり、合計9万5600株
について自己のする売り付けと同時に別途自己において買い付けし、
もって同株につき、権利の移転を目的としない仮装の売買をした。

## ＜裁判等の経過＞
① 監視委は、平成17年6月、東京地検検察官に告発
② 東京地検は、平成17年6月、被告人を起訴
　　被告人は、上記罪となるべき事実記載の日信工業株の売買等を
　行ったという客観的な事実を認めた上で、これらのクロス取引には
　正当な理由があったので違法な仮装売買ではないと述べて、無罪を
　主張した。
③ 第一審判決（東京地判平成19年12月21日）
　　懲役2年執行猶予3年、追徴金1166万9000円
④ 控訴審判決（東京高判平成21年3月26日）　控訴棄却
⑤ 上告審（最判平成22年12月13日）　上告棄却

## ＜解説＞
ア　仮装・馴合売買に関する考え方

本件は、個人の投資者である被告人が行ったクロス取引に正当な理由
（一定の経済的合理性）が認められる場合であっても、そのクロス取引が
金商法上違法とされる仮装売買・馴合売買に該当するか否かが争われた
事案であり、仮装売買・馴合売買の違法性判断に関するリーディング
ケースとなった裁判例である。

控訴審判決の重要部分を抜粋すると、「……仮装売買罪の構成要件は、
要するに、『繁盛等誤解目的（ママ）をもってする権利の移転を目的と
しない仮装の上場有価証券の売買をすること』であるところ、仮装売買
とは、当該有価証券に対する実質的な支配、処分の権能の帰属主体の変

更を目的としない有価証券の売買を意味するのであって、被告人が本件
期間中に行ったクロス取引は、日信工業株という同一の銘柄の株式につ
いて、同一の価格により同一の株数の売注文と買注文を行い、売買を成
立させたものであって、その株式に関する実質的な支配、処分の権能の
帰属主体が、当該取引の前後を通じて被告人であることに何ら変更はな
いから、「権利の移転を目的としない仮装の上場有価証券の売買」に該
当することは明らかである。（被告人の主張する）所論は、益出しクロス、
金融クロス、移動クロスなど経済的に合理性のあるクロス取引であれ
ば、「権利の移転を目的」とする取引であると主張する。」「それぞれ一
定の経済的合理性を有する取引であると認められるものの、その点を考
慮しても、所論のクロス取引を仮装売買から除外することは、証券取引
法 159 条 1 項 1 号の文言に明らかに反するものであって、そのような
解釈をとることはできず、所論の言うクロス取引の目的や経済的機能が
存することは、「繁盛等誤解発生目的」の有無の判断において考慮する
べきであると解するのが相当である。」「被告人のクロス取引は、出来高
の増加をもたらし、他の投資家に対し、取引が繁盛に行われていると誤
解させるおそれが高く、被告人もそのことを当然に認識し、取引が繁盛
であると誤解して他の投資家が日信工業株の取引に参加することを期待
していたものと認められるのであり、被告人は『繁盛等誤解発生目的』
を有して本件各クロス取引を行っていたものと認められる。（被告人の
主張する）所論は、被告人がクロス取引をするにあたり、益出しクロ
ス、金融クロス及び移動クロスという経済合理性を有する目的を持って
いたから、被告人には「繁盛等誤解発生目的」はなく、また、仮に、同
目的が認められるとしても、被告人には、前記のような別の目的があ
り、「繁盛等誤解発生目的」が他の目的と併存する場合には、仮装売買
罪の成立を認めるべきではないと主張する。しかしながら、被告人のク
ロス取引は、所論指摘のような各目的に基づいて行われたという側面を
有するものであるが、それらのクロス取引の中にも高値買い上がりなど
の株価を上昇させる目的で行われたと認められるものが少なくないので
あって、少なくとも所論主張の各目的と「繁盛等誤解発生目的」とは併
存していたものと認められる。そして、このように目的が併存している

場合であっても、「繁盛等誤解発生目的」があったことは否定できないのであるから、仮装売買罪が成立する。」

　イ　実務的な影響

　本件では、被告人が金融クロスなどの経済的合理性が一定程度存在すると主張したクロス取引について、なお繁盛誤解等発生目的が併存していたという事実を認定し、仮装売買罪の成立が認められた。本件では、被告人がクロス取引を多数回、時には直前約定値より高値で行っていたこと、株価が下落すると追証を払い込むことが求められていたという事情があったことから、被告人が、少なくとも、金融クロスなどの経済的合理性を有する取引をするという目的と繁盛誤解等発生目的を併せ有していたことは明らかと思われる。

　この日信工業事件判決は、任意調査の段階で、場帳を分析することによって仮装売買・馴合売買を発見し、それらが多数回繰り返されていること、又は、直前約定値より高値で行われていることを客観的に確定できれば、原則として、繁盛誤解等発生目的を有していることが推認できるので、行為者に違法性を問うことができるという考え方を調査・捜査の実務に浸透させることになったと思われる。

### コラム⑥　クロス取引をする必要がある場合の工夫

　経済的合理性が認められるクロス取引であっても、その手法によっては、証券市場における公正公平な取引に悪影響を与えうるものであり、違法な対当売買として摘発される可能性が否定できませんから、原則として、クロス取引は控えるべきです。

　しかし、実務的には、何らかの理由（例えば、金融クロス取引など）で、クロス取引を実施しなければならないという場合があるかもしれません。その場合は、株価・出来高にできるだけ影響を与えないように注意し、「繁盛誤解等発生目的」を有していなかったことをアピールできる手法をとるべきです。

　以下はあくまで筆者の私見であり、絶対的に保障できる訳ではありませんが、考えられる工夫の一例を述べますと、可及的に株価に影響を与

えないように、①寄付前（前場でも後場でも良い）に可能な限り同時刻に発注すること（売り注文と買い注文の発注時刻が大幅にずれる場合には、その間に場に晒していた注文を見せ玉だと疑われる可能性がある）、かつ、②売り注文と買い注文の発注条件を成行、発注数を同数とすることによって、必ず寄付の板寄せ方式で約定させること（ザラバに残さない）が考えられます。これらの条件を満たすことによって、株価形成にできるだけ影響を与えない形で売買注文全てを成立させることができるでしょう。また、出来高への影響を最小限にするために、1日のクロス取引の量・回数を可及的に減らすべきです。このような工夫をすることによって、「繁盛誤解等発生目的」を有さないクロス取引であると認めてもらうためにできるだけのことをしたとの説明が可能ではないでしょうか。

　また、日本取引所グループでは、東証がToSTNet、大阪取引所が先物取引に関するJネットという立会外取引市場を提供し、クロス取引を行う場合には、これらの立会外取引市場を利用するよう慫慂しています。クロス取引を行う投資者は、証券会社とよく相談し、その指導に従いつつ、上記の立会外取引市場を利用するのがより安全です。

## ▷事例3　変動操作を自らは行わなかった者に「共謀」が認められた事例（その1）――志村化工株券にかかる相場操縦事件

### ＜事案の概要＞

　本件は、永久磁石の開発等を事業目的とする甲社の取締役Aが、投資顧問業を目的とする乙証券会社東京支店代表者B、株式投資業を目的とする丙株式会社代表者Cと共謀の上、志村化工株の株価の高値形成を図る目的で相場操縦をしたという事案である。刑事裁判の主な争点は、①買い上がり買付け、仮装売買等の変動操作を実行したB及びCと、変動操作に使用された志村化工株を貸し付けたAとの間に、相場操縦罪の共謀が成立するか（争点1）であった。また、②追徴金の計算方法（金商法198条の2で定められた没収、追徴の趣旨と、同条1項ただし書の解釈適用について。争点2）についても争われた。

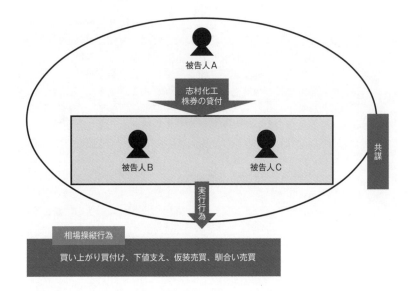

## ＜被告人Aの罪となるべき事実の概要＞

　被告人Aは、B及びCと共謀の上、東京証券取引所が開設する有価証券市場に上場されていた志村化工の株について、高値形成を図り、その売買を誘引する目的で、平成12年4月12日から同月19日までの間、6取引日にわたり、上記Cほか4名義で、11社の証券会社を介し、連続した成行又は高指値注文を行って高値を買い上がるなどの方法により、合計1008万5000株を買い付ける一方、合計244万7000株を売り付け、さらに、Cほか1名義で、2社の証券会社を介し、大量の下値買注文を入れて下値を支えるなどの方法により、合計158万4000株の買付けの委託を行い、同株の価格を546円から719円まで高騰させるなどし、もって同株の売買が繁盛であると誤解させ、かつ、同株の相場を変動させるべき一連の売買及びその委託をするとともに、他人をして同株の売買が繁盛に行われていると誤解させる等同株の売買の状況に関し他人に誤解を生じさせる目的をもって、同期間中、4取引日にわたり、合計34万1000株について、上記Cのする売付けと同時に別途同人において買付けをし、もって同株につき権利の移転を目的としない仮装の売買をし、さらに、同期間中、3取引日にわたり、合計119万2000株

について、上記Cのする売付け又は買付けと同時期にこれと同価格にお
いて上記Bらが買付け又は売り付けることを、あらかじめ上記Cと同B
とがそれぞれ通謀の上、売付け又は買付けをし、もって同株につき馴れ
合いの売買をした。

## ＜被告人Aの裁判等の経過＞

①　監視委は、平成 14 年 3 月、被告人Aら 3 名を東京地検検察官に
告発

②　東京地検は、平成 14 年 3 月 20 日、被告人Aら 3 名を起訴

③　被告人Aの第一審判決（東京地判平成 15 年 11 月 11 日）
懲役 2 年執行猶予 3 年、追徴金約 1 億 2080 万 9000 円

④　被告人Aの控訴審判決（東京高判平成 16 年 7 月 14 日）控訴棄却

⑤　被告人Aの上告審判決（最判平成 19 年 3 月 29 日）上告棄却

## ＜解説＞

ア　争点 1 （被告人Aにおける共謀の成否）について

(a)　東京地裁、東京高裁の判断（筆者抜粋）

東京地裁判決は、「被告人Aは、Bが事情を知らない一般投資家を誘い
込む目的をもって、経済的合理性に反する取引をすることにより、人為
的、意図的に志村化工の株価を上昇させようとしていることを十分認識
した上で、自らも同様の目的・意図をもって、同社の株券を貸すことを
了承したと認定することができる。……略……弁護人は、相場操縦罪の
故意ないし共謀があったというためには、相場操縦行為の典型的な方法
を認識していることが最低限必要であり、また、仮装売買及び馴れ合い
売買に関しては、少なくとも、そのような売買をすること自体の認識が
不可欠である旨主張する。しかしながら、相場操縦罪の故意の内容とし
て、その方法自体についての認識まで要求する理由はない上、仮装売買
及び馴れ合い売買は、いずれも相場操縦行為の具体的方法の 1 つであ
ることなどに鑑みれば、特段の事情がない限り、上記のような概括的認
識があれば、本件各犯罪の故意に欠けるところはないというべきであ
る。」と判示した。

また、東京高裁判決も同様に「被告人Aは、Bが意図的、人為的に一般投資家を株取引に誘い込み志村化工の株価を引き上げようとしていることを認識していたと認められる。そして、相場操縦の故意を認めるのに、その具体的な手法までの認識は必要でないと解される。」と判示した。

(b)　解説

本件は、相場操縦罪における共謀の認定に関するリーディングケースである。共謀共同正犯の成立については、刑法上、一般的に、他人の犯罪行為を自己の行為として実現しようとする意思（正犯意思）が必要とされている。本件において、裁判所は、まず、上記(a)のとおり、被告人Aにおいて、Bによる相場操縦に対する認識の程度について、「意図的、人為的に一般投資家を株取引に誘い込み、志村化工株券の株価を引き上げようとしていることを認識していたと認められれば足り、それ以上に、Bが行っていた相場操縦の具体的な手法まで認識している必要はない。」と示した上、被告人Aが当該認識を有していたことを認定した。この考え方は、金商法159条の相場操縦の各条文に、「買い上がり買付け」や「下値支え」などの具体的な変動操作の手法が記載されているわけではない以上、条文にある「誘引目的をもって行われる相場を変動させるべき一連の取引」という認識さえあれば、金商法159条の構成要件的故意として十分だということを示していると思われる。

その上で、裁判所は、被告人Aにおいて、Bの行為を自己の行為として利用しようとする意思があったことを認定し、共謀共同正犯の成立を認めた。

この共謀の成否に関する考え方は、捜査・裁判実務に浸透しており、最近の裁判例でも、本件の東京高裁判決を引用して、共犯者との共謀を認定している事件がある（例えば、東京地判平成30年3月22日）。

イ　争点2（追徴金の計算方法）について

(a)　東京地裁、東京高裁の判断

東京地裁、東京高裁は、「相場操縦においては個々の売買取引それぞれが同条所定の犯罪行為に該当するものである以上、個々の取引により

得た買付株式及び株式の売却代金すべてが同条（現金商法198の2）所定の必要的没収・追徴の対象となるというべきである。本条1項ただし書は、これらを前提としながら、犯人に過酷な結果をもたらす場合などには、例外的に没収・追徴の対象から除外することを許容しているものと解される。」「本件では、相場操縦のために膨大な数の株式の買付け、売付けが繰り返されており、その合算額は数十億円にのぼる莫大なものである。しかし、買付株式及び売却代金の双方を没収・追徴すると、実質的には同一株式を二重評価することになるし、本件各取引はすべて信用取引で行われているため、買付株式及び売却代金のいずれもが証券会社から借り入れた買付代金の担保に供され、被告人らが実際に取得できる利益は売買差益相当額にすぎない点も無視できない。これら諸点を併せ考えると、上記合算額すべてを必要的没収・追徴の対象とするのは、被告人らにとってあまりに酷にすぎるというべきであるから、本条1項ただし書を適用し、没収・追徴の範囲を売却代金から買付代金相当額を控除した売買差益相当額に限定するのが相当である。」と判示した。

　(b)　解説

　相場操縦によって得た金銭的利得をはく奪する趣旨である追徴金をどのように計算するかという問題は、刑事事件で必ずと言って良いほど争点となる。被告人にとって、追徴金の金額がいくらになるかは切実な問題と思われる。

　例えば、一連の変動操作を行った期間中、ある株券を100円で買い付け、それを売り付けて150円を得た場合、買い付けた100円相当の株券と売却代金150円どちらもが金商法198条の2規定の「犯罪行為により得た財産」に該当しうることから、単純に合算すると合計250円の追徴金になる。しかし、行為者が最終的に得たのは売買差益50円にすぎないのであって、250円を追徴するというのはあまりに酷ではないかという考え方もありうる。他方、そもそも追徴というのは、犯罪によって得た物（相場操縦罪の場合は金員）が他の物と混和するなどによって没収できなくなってしまった場合に、当該物に相当する金額を計算してはく奪するという法制度であると考えられるところ、没収の場合には、一般的に当該物の取得費用等を控除しないのに、追徴の場合には取

得費用等を控除するというのは、法の趣旨に合致しないという指摘もある（「金商法判例百選（別冊ジュリスト 214 号）」202 頁）。本件の判例は、売上げ等の収益から費用を差し引いた額（差額説）とするか、総収益の額（売抜け全額説）とするかについて、売抜け全額説が原則的な考え方であるとしつつ、例外的に差額説をとるべきという考え方を示した上、個別判断として差額説を採用した。

　相場操縦事件の裁判実務では、裁判所が、個別事件の内容によって、売抜け全額説と差額説のどちらを採用するのか決めているようである。検察庁は、一般的には、原理原則どおりの売抜け全額説で求刑することが予想される。したがって、この争点については、弁護人が、裁判所に対し、例外的な差額説をとるべき内容の事件だと立証する力量が試されることになると思われる。

## ▷事例 4　変動操作を自らは行わなかった者に「共謀」が認められた事例（その 2）――ビーマップ株券にかかる相場操縦事件

### ＜事案の概要＞

　本件は、株取引等に関する専門的な知識を有し、その知識等を利用して経営コンサルタント会社の役員を務めていた被告人Aが、被告人B（主にパチンコ攻略情報誌の販売などを営んでいた会社の実質的経営者）及びその部下の被告人C及びDらと共謀の上、ビーマップ株券につき相場操縦をしたという事案である。

　被告人Aは、ビーマップ株の売買をしなかったものの、相場操縦の指南や資金提供をしたので共犯者との共謀が成立するとして起訴された。被告人Aは、共犯者との共謀の成立を争った。

### ＜被告人Aの罪となるべき事実の概要＞

　被告人Aは、共犯者B、C及びDと共謀の上、大阪証券取引所に上場されていたビーマップの株について、その株価の高値形成を図り、同株の売買を誘引する目的をもって、平成 17 年 3 月 4 日から同月 18 日までの間、同市場において、11 取引日にわたり、5 社の証券会社を介し、

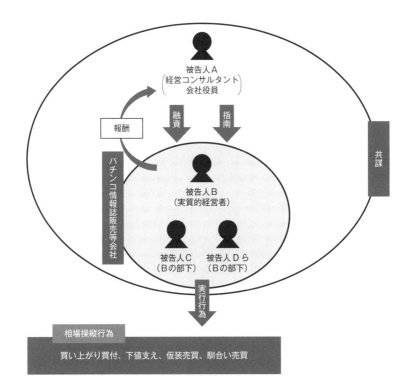

連続した成行注文又は高指値注文を行って高値を買い上がるなどの方法
により、合計 7385 株を買い付ける一方、合計 5731 株を売り付ける一
連の売買をし、さらに、下値買注文を入れて下値を支える方法により、
合計 58 株の買付けの委託を行うなどして、その株価を 28 万 5000 円
から 40 万 8000 円まで高騰させるなどし、もって同株の売買が繁盛で
あると誤解させ、かつ、同株の相場を変動させるべき一連の売買及びそ
の委託をし、さらに、他人をして同株の売買が繁盛に行われていると誤
解させるなど、同株の売買の状況に関し他人に誤解を生じさせる目的を
もって、同期間中、同市場において、8 取引日にわたり、2 社の証券会
社を介し、合計 3840 株について、共犯者のする売付けと同時に別途同
共犯者において買付けをし、もって同株につき、権利の移転を目的とし
ない仮装の売買をするとともに、2 取引日にわたり、2 社の証券会社を

介し、合計 1239 株について、共犯者のする売付けと同時期にこれと同価格において共犯者が買い付けることをあらかじめ通謀のうえ、当該売付け又は買付けをし、もって同株につき、馴合いの売買をした。

## ＜被告人Aの裁判等の経過＞

①　監視委は、平成 19 年 3 月 27 日、被告人Aを、共犯者 6 名とともに大阪地検検察官へ告発

②　大阪地検は、同月 28 日、被告人Aを共犯者 3 名とともに起訴

③　第一審判決（大阪地判平成 21 年 9 月 9 日）

　　懲役 1 年 6 月執行猶予 3 年

　　追徴金 2 億 4533 万 2500 円（追徴金の計算方法につき、売買差益説を採用）

④　控訴審（大阪高判平成 22 年 8 月 4 日）　被告人Aの控訴棄却

⑤　上告審（最判平成 24 年 5 月 29 日）　被告人Aの上告棄却

## ＜解説＞

ア　株売買を行わなかった被告人に有罪判決が出された事例

志村化工事件以降、株売買を行わなかった被告人が共謀共同正犯として有罪判決を受けた事例としては、筆者が把握している限り、古い順に、①キャッツ株券にかかる相場操縦事件（東京地判平成 17 年 3 月 11 日）における資金提供者、②ビーマップ株券にかかる相場操縦事件のスキーム指南兼資金提供者（本件）、③ユニオンホールディングス株券にかかる相場操縦事件（大阪地判平成 24 年 6 月 6 日）における相場操縦の資金提供者などが挙げられる。

被告人の「共謀」を基礎付ける間接事実としては、①被告人の株取引に関する知識、②被告人と実行正犯である共犯者との関係・株取引における立場（共犯者が株取引に詳しくない場合、被告人がそれを指南していたことが想定されるだろう）、③共犯者との共謀に至った経緯・理由、④実行行為中の共犯者との会話、メールなど意思連絡状況、⑤資金提供など実行行為に不可欠な役割を果たしたか否か、⑥被告人の個人的利益（報酬）の有無・金額（一般的に違法行為を行った共犯者と同等ないしそれ以上

であれば、被告人も違法行為を行うというリスクを負担していたと想定される だろう）、⑦共謀後の被告人の動向（当該株の価格変動状況を気にしていたか等）などが考えられる。本件では、裁判所は、株取引に明るかった被告人Aが、共犯者Bらに対し、借名口座間で仮装売買を行う等の相場操縦をしてビーマップ株券の価格と出来高を引き上げつつ同株を買い集めること等を指南したこと、その資金3億円を無担保で同人らに融資したこと、取引により同人らが得た利益の5%を報酬として受領することになっていたことなどの各事実を認定し、被告人Aと共犯者Bらとの共謀を認めた。

　　イ　監視委と警察との合同調査・捜査
　本件では、反社会的勢力の関与が認められたことから、監視委と大阪府警との合同捜査・調査が行われた。当時の新聞記事等を見ると、強制捜査に着手した段階で合同捜査・調査の態勢が組まれていたようであるので、捜査・調査が始まって比較的早い段階で、合同捜査・調査が組まれたと思われる。特別調査課は、暴力団組織などの反社会的勢力の関係箇所に捜索を入れることができるほどの態勢を有しておらず、また、犯則嫌疑者を逮捕する権限を有していないので、反社会的勢力が関与する事件や被疑者を速やかに逮捕すべき事件の調査を単独で進めるのは困難でありうるので、そうした態勢・権限を有する都道府県警察と合同捜査・調査を組むことがある。相場操縦事件に限られるものではなく、インサイダー事件、虚偽有価証券報告書の提出事件（いわゆる粉飾決算事件）、架空増資などの偽計事件でも同じである。過去の事件の経過を見ると、このような場合、警察が被疑者らを逮捕し、検察庁に送致するのが一般的である。

## ▷事例5　見せ玉を中心とする事例（その1）——真柄建設株券に係る相場操縦事件

　個人の投資者がパソコンで株取引をするようになったこと等を背景に委託罪が導入され、いわゆる見せ玉が規制対象となった。刑事裁判で、見せ玉による相場操縦が最初に立件されたのは、監視委が平成16年

11月に釧路地検に告発した本件真柄建設等株券にかかる相場操縦事件
であった。

## ＜事案の概要＞

　北海道釧路市在住の会社員（いわゆるデイトレーダー）が、自宅のパソ
コンを使用したインターネット取引で、見せ玉の手法を用いて真柄建設
株ほか数社の株の価格を不当に引き上げるなどの相場操縦を繰り返して
いた。監視委は、平成16年11月に本件を釧路地検検察官に告発、同
告発を受けて、同地検は、平成17年7月、被告人を釧路地裁に起訴し
た。

## ＜罪となるべき事実の概要＞

　被告人は、東京証券取引所に上場されていた真柄建設株の株価の高値
形成を図り、同株の売買を誘引する目的をもって、インターネット取引
の方法により、自己名義で、平成15年7月29日午前10時52分頃か
ら午後0時46分頃までの間、前後26回にわたり、6社の証券会社を
介し、午前10時52分頃から午前10時59分頃までの間及び午後0時
31分頃から午後0時42分頃までの間は最良買い気配値の下値1円か
ら4円までの指値で、午前11時10分頃から午後0時22分頃までの
間は最良買い気配値の上値5円から下値2円までの指値で、いずれも
約定させる意思のない真柄建設株延べ合計187万株の買付けの委託（指
値変更を含む）を行い、同株の価格を150円から165円まで上昇させ
るなどした。（同様の手口による別件4銘柄分については省略）

## ＜裁判等の経過＞

　①　釧路地検は、平成17年7月21日、被告人を在宅で起訴
　②　第1審判決（釧路地判平成17年12月9日）
　　　懲役1年6月及び罰金100万円、懲役刑につき執行猶予3年
　　※　追徴金について、釧路地裁は、被告人が得た約324万3000
　　　円は証券取引法197条1項7号の犯罪行為により得た財産に該
　　　当するが、同法198条の2第1項ただし書を適用して追徴しな

　　かった。

## ＜解説＞

　ア　見せ玉の定義

　見せ玉とは、一般的に、市場の株価を変動させる目的で、約定させる意思がないにもかかわらず、市場に注文を出して売買を申し込み、約定させる前に取り消す手法のことと解説されている。見せ玉が、変動操作の一つとして重要になったのは、一般の投資者が、板情報（複数気配値の状況）をパソコンで見ることができるようになったからである。東証は、平成 12 年 12 月に気配値情報を上下 3 本ずつ（寄付時の気配値情報は上下 1 本ずつ）公表するようになり、以後、平成 15 年 6 月には気配値情報を上下 5 本ずつ（寄付時の気配値情報も同様）、平成 22 年 1 月には気配値情報を上下 8 本ずつ（寄付時の気配値も同様）、又は、FLEX FULL で全板情報を公表するに至っている。そして平成 10 年代前半以降、多くの個人の投資者がパソコンを使ってインターネット取引をするようになり、板情報に容易にアクセスできるようになったことで、多くの投資者を騙す手法として見せ玉が隆盛するに至った。しかも、この手法は、出した注文を約定させずに取り消すものであることから、少ない手元資金で繰り返し行うことができる手法であった。こうして見せ玉は、徐々に代表的な変動操作の一手法になっていった。

　イ　見せ玉と下値支えとの差異について

　買い注文の見せ玉は、下値が厚く底堅いように見せかける状況を作出する点で古くからあった変動操作の一つである「下値支え」と、同じ意味合いを持つ。すなわち、見せ玉であろうが、下値支えであろうが、買い最良気配値の下値に大量の買い注文が発注されている場合、買付けを考えている他の投資者は、そうした大量の買い注文が約定しない限り、直前約定価格で買い付けることは当面不可能であるため、それでもなお必要な買付けを速やかに行うには直前約定価格以上の価格で発注せざるを得ないと判断する。また、需給の状況としては買い需要が旺盛であると映ることから、株価の底堅さや上昇の期待を持った投資者から積極的

な買い注文が発注される可能性がある一方、売付けを考えている投資者は、更なる株価の上昇を期待して売り注文を高くしたり、発注を控えたりするようになる。このように、厚い買い板が形成されると、株価の下落が防止されるとともに、株価の上昇要因にもなる。このように、他の投資者へ間接的・心理的に影響を与える点においては、見せ玉と下値支えとは同じ性質を持っていると考えてよい。

　そして、実際に、株価が下落したときには、発注者は内心はともかく、既に下値で出していた買い注文を約定させることによって、直接的に株価の下落を食い止める（下値を支える）という効果がある点で見せ玉と下値支えに差異はない。

　ウ　真柄建設事件の起訴事実の記載について

　検察庁は本件を起訴するにあたって、起訴事実の中で、買い見せ玉のことを被告人の内心に着目して、「約定させる意思のない買付け」と表現し、裁判所も同様の「罪となるべき事実」を認めた。しかし、「約定させる意思がない」という事実は、被告人の主観を対象とし、また、「ない」という消極的事実を問題とするものだったので、直接証拠は自白しか存在せず、そのため、立証が非常に困難になる危険性があったと思われる。見せ玉事件の初事例であったことと、被告人が捜査段階から素直に見せ玉の事実を認めていたという個別事情によって、このような記載となったと思われる。

## ▷事例6　見せ玉を中心とする事例（その2）——日立造船株券にかかる相場操縦事件

### ＜事案の概要＞

　某私立大学の学生らで構成されていた株投資サークルのメンバー数名が、平成16年夏頃から、多数の銘柄で、見せ玉を中心とする相場操縦を繰り返していたという事案である。被告人らは、事前に発注した注文を全て取り消したり、又は、約定しないように下値に変更したりすると「見せ玉」として規制当局から違法性を指摘されるおそれがあると考え、それを回避するため、見せ玉の一部をあえて場に残し、他の一般の投資

者等からの売り注文と約定させていた。

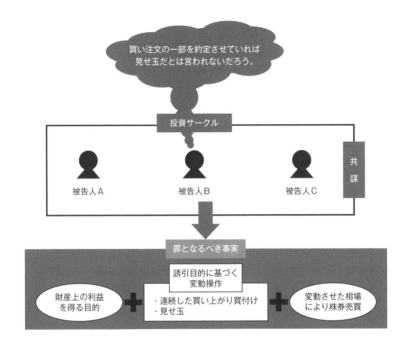

## ＜罪となるべき事実の概要＞（3 期間のうち 1 期間を抜粋）

　被告人A、B及びCは、共謀の上、財産上の利益を得る目的で、東京証券取引所に上場されていた日立造船の株について、その株価の高値形成を図り、同株の売買を誘引する目的をもって、平成 18 年 6 月 19 日午前 9 時 7 分頃から同日午前 9 時 10 分頃までの間、同市場において、被告人Aほか 2 名義で、証券会社 5 社を介し、連続した高指値注文を行って高値を買い上がるなどの方法により、合計 88 万 3000 株を買い付け、被告人Aほか 4 名義で、証券会社 8 社を介し、下値買い注文を大量に入れるなどの方法により、合計 163 万株の買い付けの委託を行う一連の取引をし、同株の価格を 156 円から 161 円まで上昇させた上、その頃、当該上昇させた株価により、合計 139 万 3000 株を売り付け、もって各株の売買が繁盛であると誤解させ、かつ、各株の相場を変動さ

せるべき一連の売買又はその委託をし、当該上昇させた株価により、各株の売買を行ったものである（日立造船株券の別期間の相場操縦2件、他銘柄に関する罪となるべき事実は省略）。

## ＜裁判等の経過＞

① 監視委は、平成21年9月29日、被告人3名を東京地検検察官へ告発
② 東京地検は、同年10月20日、被告人3名を起訴
③ 第一審判決（東京地判平成22年4月28日）
被告人Aに対し、懲役2年2月執行猶予4年、罰金250万円
被告人Bに対し、懲役2年執行猶予4年、罰金300万円
被告人Cに対し、懲役1年6月執行猶予4年、罰金150万円
被告人3名に対し、追徴金2億2600万円

## ＜解説＞

ア　見せ玉の定義を逆手にとったつもりの犯行

本件の被告人らは、見せ玉が一般的に「市場の株価を変動させる目的で、約定させる意思がないにもかかわらず、市場に注文を出して売買を申し込み、約定させる前に取り消す手法」と解説されていることに着目し、買い注文の一部を約定させれば見せ玉に該当しないので、規制当局に立件されないと曲解していたと思われる。しかし、金商法159条2項1号は、見せ玉に該当するから相場操縦罪が成立すると規定しているわけではないのであって、仮に、行為者が、発注した買い注文を約定直前に取り消さず、一部を約定させていたとしても、その発注を含めた一連の行為が誘引目的を伴う変動操作に該当するならば、違法な相場操縦を構成しうる。真柄建設事件の解説でも触れたとおり、見せ玉と下値支えは、他の投資者に対し、買い需要の強い相場であると印象付けるという効果があるという点で同じであり、下値に大量の買い注文を入れて株価の下落を食い止める行為は、見せ玉とネーミングしようが、下値支えとネーミングしようが、変動操作の一態様となりうる。

本件の事件処理にあたって、東京地検は、起訴事実を「下値買い注文

を大量に入れるなどの方法により、合計 163 万株の買付けの委託を行う一連の取引」として、下値支えと同様の記載ぶりをした。そして、裁判所も同様に罪となるべき事実を認めた。真柄建設事件のように「約定させる意思のない」という記載にすると立証が困難になる可能性があることも考慮したと思われる。本件以降の（買い）見せ玉を中心とする相場操縦事件では、検察庁の起訴事実や裁判所が認定する罪となるべき事実は、「下値買い注文を大量に入れるなどの方法」という記載になっている。

　イ　金商法 197 条 2 項の初適用

　金商法 197 条 2 項は、財産上の利益を得る目的で、前項第 5 号（金商法 157 条、158 条又は 159 条の規定に違反した者）の罪を犯して有価証券等の相場を変動させ、又はくぎ付けし、固定し、もしくは安定させ、当該変動させ、又はくぎ付けし、固定し、もしくは安定させた相場により当該有価証券等に係る有価証券の売買その他市場デリバティブ取引等を行なった者は、10 年以下の懲役及び 3000 万円以下の罰金に処する、と規定する。①「財産上の利益を得る目的」を有していること、②金商法 157 条から 159 条に該当する行為で形成した相場によって株券等の売買をしたことという 2 つの要件が揃った場合に、197 条 1 項 5 号の法定刑である「10 年以下の懲役もしくは 1000 万円以下の罰金、又は併科」を加重して、「懲役刑と罰金刑の併科」と、「罰金刑の最高額を3000 万円」とするものである。

　本件は、検察庁がはじめて金商法 197 条 2 項を適用して起訴した事案であった（公訴事実にも「財産上の利益を得る目的で」、「当該上昇させた株価により、同株合計 139 万 3000 株を売り付け」と記載されていた）。本件より以前の事案で、検察庁が金商法 197 条 2 項を適用して起訴してこなかった理由は定かでないが、推察するに、被告人が相場操縦で形成した相場によって株等の売買をしたという因果関係の立証が困難だったからではないかと思われる。本件では、被告人が見せ玉を発注してから売り抜けるまでの期間が短く、売り抜け時の株価が被告人らの変動操作によって作出されたという因果性の認定がしやすい事案だったことか

ら、金商法 197 条 2 項を適用して起訴したのではないかと考えられる。

ウ　見せ玉事件の追徴金の計算

(a)　見せ玉の手法を中心とする相場操縦事件では、いったん売り抜けた資金を次の仕込みに使い、再び見せ玉による相場操縦を行うということを短期間に繰り返すことが多く見られる。本件もそのような事案であった。その場合、被告人に対する追徴金を考えるにあたり、繰り返し売り抜けた金額全額を追徴金に加算するべきであろうか。そのような考え方は、同じ利益を複数回評価しているのではないかとも考えうる。

　この点について、東京地裁は、本件の全体像と資金移動の特徴を踏まえた追徴金の計算方法をとった。すなわち、裁判所は「検察官は、追徴すべき金額は判示第 1 ないし第 3 の各犯行による売付額を合算した 4 億 2938 万 6000 円であると主張し、弁護人は、上記各犯行による利得額（売買差益額）の 746 万 9500 円にとどめるのが相当であるなどと主張する。そこで、当裁判所が 2 億 2661 万 9000 円を追徴額とした理由について、以下、補足して説明する。」「本件売り付け行為による株式売却代金の取得の状況等を見ると、判示第 1 ないし第 3 の各犯行は、同じ有価証券市場での同一取引日の約 1 時間のうちに接着して繰り返されたものであるところ、いずれも、共犯者各自が管理する複数の証券口座にある資金が、相互の意思連絡の下に総体的に投じられて、「仕込み」となる買い付けや、変動操作のための買い付け等が行われ、本件各売り付け行為によって、その売却代金、すなわち、上記の買い付け額に売買差益額を加えた価額が取得されたものである。その犯行経過等からは、1 回目の判示第 1 の犯行により得た資金が、その後の 2 回の判示第 2 及び第 3 の各犯行に係る不法な取引に循環的に投じられたと評価することもできる。すなわち、本件各犯行の状況及び相互の関係等からは、実質的には、最大値を示した 1 回目の犯行の売り付け額が本件の一連の不法な取引に投じられた金額の上限を画しており、その余の 2 回の各犯行に係る不法な取引は、上記売り付け額の枠内で、いわば 1 回目の犯行により不正性を帯びた資金が使い回されて収益（売買差益）を上げたという見方も成り立つところである。このような本件の具体的事情

の下においては、本件当時に各犯行の売り付け価額を累積的に合算した額以上の資金が前記の証券口座に存在していたことなど検察官が指摘する点を考慮しても、上記合算額を残らず没収・追徴の対象とすることは、本件訴因に即して見れば過酷であることは否めない。そうすると、本件において、没収・追徴の対象とするのは、判示第1の犯行により得た株式売却代金2億2285万4500円（同法198条の2第1項本文）に、判示第2及び第3の各犯行に係る売買差益分である150万5000円及び225万9500円（同項ただし書の適用）を合算した2億2661万9000円にとどめるのが相当である。」と判示した。

　つまり、裁判所は、売り抜け全額説と差額説のどちらを採用するかではなく、個別事件の資金移動の状況を分析した上で、判示第1の犯行については、原則的な考え方である売り抜け全額説を採用し、第2と第3については差額説を採用するという考え方を示したのだった。

(b)　見せ玉の手法を中心とする相場操縦事件の追徴金の計算については、この後に裁判が開かれた事件でも同様な争いが続いている。テクノマセマティカル株券等にかかる相場操縦事件（大分地判平成23年3月10日）では、併合罪関係にある3つの罪（第1と第2の犯行は連続的、第3の犯行は、第1及び第2の犯行の4年後の犯行）につき、検察官が3つの各犯行による売付価額を合計した3億3349万6000円を追徴すべきと求刑したのに対し、裁判所は、本件と同じような発想で、第1及び第3の各犯行により得た株式売却代金2億3549万円及び2442万8000円に、第2の犯行に係る売買差益である156万4000円を合算した2億6148万2000円とするのが相当である、とした。

　他方、セントラル総合開発株にかかる相場操縦事件（東京地判平成26年7月4日）では、裁判所は、見せ玉を中心とする事件でも売り抜け全額説を採用した上、「本件においては、①本件対象期間前あるいは同期間中に買い付け、同期間中に売り付けたセントラル株の売却代金、②同期間中に買い付け、同期間後に売り付けた同株の売却代金の総額から仮装売買によって売り付けた代金総額を除外した8286万800円が追徴の対象となる。」「本件は、相場操縦等の罪に財産上の利益を得る目的等が付加された加重類型の犯罪に該当する利欲性が高いものである上、被

告人は株価が比較的安い段階で仕入れた大量のセントラル株とある程度の自己資金を元手に犯行に及び、犯行自体も証券会社等に目をつけられないように取引株数が膨大化しないように意を用い、思惑どおりに上昇した高い株価で多くのセントラル株を売り抜けたのであるから、わずかな資金で取引を多数回循環させて売り付け及び買い付けを膨大化させ、過大な没収・追徴金額になってしまった事案とは事情を異にする。したがって、本件において追徴額を売買差益等に限定しなくても、被告人に酷に過ぎて不相当であるということにはならない。」と判示した。裁判所は、この事件の資金移動の状況を分析し、売付けによって得た利益が買付け資金に回るという循環が多数回行われていなかったという事実が認定できたことから、原則通り、売抜け全額を追徴すべきと判断したものと思われる。

## ▷事例7　金商法159条2項2号（変動操作情報の流布の禁止）が適用された事例──川上塗料株券にかかる情報流布事件

### ＜事案の概要＞

　携帯電話・スマーフォンの発達・普及によって、近年では多くの投資者が手軽にインターネット・SNSを使って、不特定多数の投資者へメッセージを伝達することができるようになっている。他方、情報を受ける側となる不特定多数の個人の投資者にとっては、情報の正確性を吟味して取捨選択することがますます難しくなっている。このような状況を利用した相場操縦事案が近年増えている。本件は、被告人Aが、大阪証券取引所に上場していた川上塗料の株につき、高値形成を目論み、誘引目的をもって、不特定多数の個人の投資者が注目しているインターネット上の掲示板に、多数回・長期間にわたり、自己が操作をすることで株価が高騰する旨流布したという事案である。

### ＜罪となるべき事実の概要＞

　被告人Aは、川上塗料の株の価格の高値形成を図ろうと企て、同株の売買を誘引する目的をもって、平成15年1月14日から同年5月14

日までの間、91 回にわたり、東京都千代田区所在のビジネスホテル、埼玉県所在の被告人B方居宅等において、自らパーソナルコンピューターを操作し、又は上記被告人Bにこれを操作させ、インターネットを介して、ヤフー掲示板上で、「潤沢な資金の基に、来週前半からいきなりの右肩上がりの直線を描いて行くでしょう。ここは丹念に慌てず拾っておいて下さい。儲けましょう。」、「明日以降、強烈な上昇攻撃がはじまります。ここはしっかり指値で対応して下さい。」、「ほぼ三段上げの体制が整っております。もう少しこの辺り吸収いたします。今後ともじりじり・じりじり調整を繰り返しながら、値を取って行きます。」、「ある時点を境に一気に駆け上がって行きます。」、「目的があって、手を掛ければ株価は上がるものです。」、「クロス商いが順調に進んでおり、突然動きが始まり駆け上がって行きます。」、「もう少し早い高速船に乗り換えて四桁の海域を目指してまいります。」、「500 海域に近づいて来ました。ここから四桁海域に向けて、グングン速度を上げて行きます。」など、「当りや」を称する者の操作により同株の価格が高騰するべき旨の文字データを不特定かつ多数の者が閲覧できる状態に置き、もって同株の相場が自己又は他人の操作によって変動するべき旨を流布した。(この事件では、上記事実のほか、被告人Aと被告人Bによる川上塗料の株の相場操縦、OHTの株の相場操縦事件と併合され一括審理された。これらの事件に関する罪となるべき事実は省略)

## ＜裁判等の経過＞

①　平成 19 年 6 月 28 日　監視委は、さいたま地検検察官に、被告人両名を告発

②　第一審判決（さいたま地判平成 20 年 6 月 30 日）

被告人A　懲役 2 年 6 月執行猶予 4 年、罰金 300 万円、追徴金約 5 億 1108 万円（被告人Bと連帯、売買差益説を採用）

被告人B　懲役 1 年 6 月執行猶予 4 年、罰金 200 万円、追徴金約 5 億 1108 万円（被告人Aと連帯、売買差益説を採用）

③　控訴審判決（東京高判平成21年5月14日）

　　被告人両名に対し、控訴棄却（被告人Bは確定）

④　上告審判決（最判平成21年10月6日）　被告人Aに対し、上告棄却

## ＜解説＞

ア　金商法159条2項2号について

　本件は、相場が自己又は他人の操作によって変動する旨インターネットの掲示板に書き込んだ行為に対し、初めて金商法159条2項2号が適用された事案である。同号は、何人も株の売買等を誘引する目的をもって、同株の相場が自己又は他人の操作によって変動するべき旨を流布してはならない、と定め、同法197条1項5号は、159条2項2号に違反した者を、10年以下の懲役、1000万円以下の罰金に処するとしている。①誘引目的をもって、②相場が自己又は他人の操作によって変動するべき旨を流布すること（流布するとは、不特定又は多数の者に伝達すること）の2つの要件が必要となっており、被告人の行為に前掲協同飼料事件最高裁判決で定義された、誘引目的を認めることができるか否かが重要である。例えば、アナリストやジャーナリストのような立場の者が、「何者かの株価操作によって高騰しているのではないか」などと警鐘を鳴らす行為は、一般的に誘引目的が認められないから、本号は適用されないと考えられる。

　近年、相場操縦を目論む行為者が、不特定多数の個人の投資者等に、インターネットやSNS等を通じて、相場を操作によって変動するべき旨の情報を流布しつつ、現実売買の変動操作と織り交ぜて相場操縦を行う事案が多く発生している。ただ、こうした事案に対して金商法159条2項2号が適用された事例は、筆者が把握している限り本件のみである。その理由は定かではないが、おそらく、株価変動を目論む行為者は、主たる手段として、株価等に直接影響を与えることができる現実売買による相場操縦を行う傾向があり、その従たる手段として情報流布をすることが多いことから、金商法159条2項1号を適用すれば足りる事案が多いからであろう。

イ　金商法 158 条（風説の流布罪）との峻別

　金商法 158 条は、何人も有価証券の募集、売出しもしくは売買その他の取引もしくはデリバティブ取引等のため、又は有価証券等の相場の変動を図る目的をもって、風説を流布してはならないと定め、違反した者は、10 年以下の懲役、1000 万円以下の罰金に処せられる（197 条 1 項 5 号）。すなわち、法定刑は、159 条 2 項 2 号と同じである。風説を流布するとは、虚偽であることを要しないが、合理的な根拠を有しない事実を不特定又は多数の者に伝達することとされる（注解特別刑法補巻⑵ 115 頁。東京地判平成 30 年 3 月 22 日など）。

　これらの条文の差異は、① 159 条 2 項 2 号が、流布を禁じる情報の内容を、自己又は他人の操作によって相場が変動するべき旨の情報に限定しているのに対し、158 条の風説の流布罪には、そのような限定がないこと、②他方、159 条 2 項 2 号は、真実又は合理的根拠を有する情報を流布する行為でも、誘引目的を有していれば犯罪が成立する余地があるのに対し、158 条は、虚偽ないし合理的な根拠を有しない事実を流布する場合に限っていることが挙げられる。

## ▷事例 8　金商法 159 条 3 項が適用された事例（その 1）——ケイエス冷凍食品株券にかかる株価固定事件（丸八証券事件）

　金商法 159 条 3 項は、政令で定めるところに違反して相場を安定・くぎ付け・固定させる目的をもって株取引を行うことを禁じている。以下では、丸八証券事件と夢の街創造委員会事件について紹介する。

### ＜事案の概要＞

　丸八証券の元役員らは、同社が主幹事をつとめたケイエス冷凍食品の新規上場にあたり、当該会社の株価を公募価格以上に固定する目的で、一定の価格の同社株の買付注文を勧誘し、受託したという事案である。

119

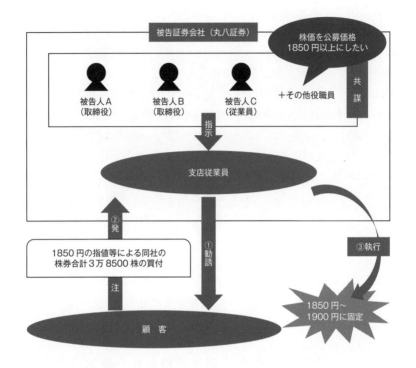

## ＜罪となるべき事実の概要＞

　被告会社は、名古屋市に本店を置き、証券会社として証券業務を行っていた会社、被告人Aは被告会社取締役会長、被告人B及び同Cは、被告会社取締役リテール本部で個人顧客からの株券等の売買取次ぎ等の業務を統括するなどしていたものであるが、被告人3名は、被告会社の他の役職員と共謀の上、被告会社の業務に関し、名古屋証券取引所が開設する有価証券市場に上場されていたケイエス冷凍食品の株について、その株価を1850円の公募価格以上に維持しようと企て、その株の相場を固定する目的をもって、平成18年政令第222号による改正前の証券取引法施行令20条で定めるところに違反して、平成18年4月6日から同年5月23日までの間、23取引日にわたり、被告会社本店営業部ほか6支店の従業員をして、個人顧客への勧誘等により、顧客から1850

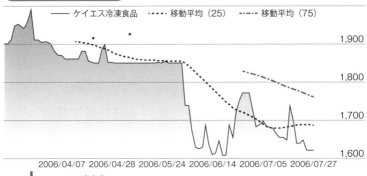

（上記図表は株式会社ミンカブ・ジ・インフォノイドが提供する「みんかぶ」株価チャート "https://minkabu.jp/stock/2881/chart" からの引用である）
　本件の実行行為期間中（2006 年 4 月 6 日から 5 月 23 日）、株価が 1850 円程度に固定されており、実行行為終了後に急落したことがわかる。株価固定罪では、被告人による株価の「くぎ付け」が終了すると、株価が大暴落して投資家に悪影響を与えるという傾向があるのが特徴的である。

円の指値等による同社の株合計 3 万 8500 株の買付注文を受託させた上、これらを上記有価証券市場において執行させて買い支えるなどの方法により、その株価を 1850 円から 1900 円の間に固定させ、もって上場有価証券の相場を固定させる目的をもって、一連の上場有価証券売買の受託をした。

### ＜裁判等の経過＞

　①　監視委は、平成 20 年 3 月 4 日、丸八証券元役員ら（前会長及び取締役ら 3 名）、法人としての丸八証券を、名古屋地検検察官へ告発
　②　第一審判決（名古屋地判平成 20 年 6 月 17 日）
　　　法人としての丸八証券　罰金 2500 万円
　　　被告人Ｂ　懲役 1 年執行猶予 3 年
　　　被告人Ｃ　懲役 10 月執行猶予 3 年（いずれも確定）

③　第一審判決（名古屋地判平成 20 年 9 月 9 日）

被告人A　懲役 1 年 4 月

④　③の控訴審判決（名古屋高判平成 21 年 3 月 30 日）

被告人A　懲役 2 年執行猶予 4 年（確定）

## ▷事例 9　金商法 159 条 3 項が適用された事例（その 2）——夢の街創造委員会株券にかかる株価固定事件

### ＜事案の概要＞

夢の街創造委員会の創業者であり、顧問という地位にあった被告人が、同社の株価を、信用取引に係る追加保証金が発生しない価格である 1190 円程度に維持しようなどと企て、買い上がり買付けや下値支え等を行ったという事案である。

### ＜罪となるべき事実の概要＞

被告人は、共犯者 5 名と共謀の上、東京証券取引所に上場されていた夢の街創造委員会株について、その株価を被告人による信用取引に係る追加保証金の発生しない 1190 円程度に維持しようと企て、本件株の相場を安定させる目的をもって、政令で定めるところに違反して、平成 26 年 3 月 28 日から同年 5 月 28 日までの間、20 取引日にわたり、同市場において、株式会社甲外 3 名義で、連続した買い上がり買付けなどにより、本件株合計 58 万 7900 株を買い付け、さらに、株式会社甲外 3 名義で、下値支えなどにより本件株合計 15 万 6200 株の買付の委託を行い、その株価を 1184 円から 1223 円の間に安定させ、もって相場安定目的をもって同市場における一連の株券売買及びその委託をした。

（上記図表は株式会社ミンカブ・ジ・インフォノイドが提供する「みんかぶ」株価チャート "https://minkabu.jp/stock/2484/chart" からの引用である）
　実行行為期間中（2014 年 3 月 28 日〜5 月 28 日）は、株価が一定の価格 1190 円程度に固定されている。


**＜裁判等の経過＞**

①　監視委は、平成 28 年 6 月 14 日、被告人を東京地検検察官へ告発

②　第一審判決（東京地判平成 29 年 3 月 28 日）
　　懲役 3 年執行猶予 4 年及び罰金 2000 万円、
　　追徴金約 1 億 2928 万円（売抜全額説を採用）

③　控訴審判決（東京高判平成 30 年 5 月 8 日）　控訴棄却

④　上告審判決（最判平成 30 年 9 月 26 日）　上告棄却


**＜解説＞**

　ア　相場をくぎ付けし、固定し、又は安定させる目的

　金商法 159 条 3 項は、「何人も、政令で定めるところに違反して、取引所金融商品市場における上場金融商品等又は店頭売買有価証券市場における店頭売買有価証券の相場をくぎ付けし、固定し、又は安定させる目的をもって、一連の有価証券売買等又はその申込み、委託等若しくは

受託等をしてはならない。」と定めている。政令で定められている発行体による募集・売出しの際の安定操作は、届出・公表等の厳格な手続の下に許容されており、それを許可された手続を経ることなく行ってはならないという趣旨である。「くぎ付け」「固定」「安定」の目的をもってする、本来変動すべき相場を変動させないという消極的な取引行為であっても、一般の投資者は、そうした人為的な操作によって形成された相場を自然の需給関係によって形成されたものと誤認するおそれがあることから、そのような株価固定は政令で定められた手続を履践しない限り違法とされる。本書第1章の6のとおり、株価固定罪は、ある株価を一定の範囲から逸脱しないようにするのにふさわしい有価証券売買等を禁じるものである。

　上記夢の街創造委員会事件東京高裁判決（平成30年5月8日）は、「相場が下落する局面における相場安定目的の核心は、市場原理に反して人為的に相場を形成する意図の下で当該有価証券の価格の下落を防ぎ又は遅らせる目的であると解される」と判示した。ここで「市場原理に反して人為的に相場を形成する意図の下で」とされたのは、株価下落局面での買い注文（株価上昇局面での売り注文）が多かれ少なかれ株価下落（上昇）を防ぐ影響を持つのは当然のことであり、それらの株取引が合法であるのは明らかなので、そのような経済合理性のある取引を許容し、それを逸脱した取引のみを違法とするという意味だと考えられる。

　イ　量刑の考え方

　上記丸八証券事件名古屋高裁判決（平成21年3月30日）は、筆者が把握している限り、高等裁判所が第一審で下された実刑判決を破棄し、執行猶予判決を出した唯一の裁判例である。名古屋高裁は、大要「投資者の保護等に資するため証券取引の公正等を目的とする証券取引法を率先して遵守すべき証券会社の取締役らが共謀の上、同証券会社の業務に関し、一般投資家をも巻き込み会社ぐるみで組織的に敢行した悪質な犯行であり、その態様も、丸八証券であると発覚しにくくするため、1件当たりの買付注文の取引単位を少なくし、本店営業部及び6支店に分散して受託するなど巧妙である。そして、本件犯行で受託した買付注文

を 31 取引日にわたり執行させて買い支えた結果、現に株価は公募価格の 1850 円から 1900 円の間にとどまった。被告人Aは、……略……実質的に経営するとともにその業務全般を統括し、法人営業、殊に株式会社が新規上場する際の主幹事証券会社の指名獲得に向けた営業活動を積極的に展開していたところ、初の主幹事案件であるケイエス冷凍食品株の新規上場が成功裡に終われば、更なる主幹事指名も獲得できるなどとして、上場日後 2、3 か月はケイエス冷凍食品株の株価を公募価格以上に維持しようと企て、部下に指示して本件犯行を開始させ、コンプライアンス部門から株価操作に当たる旨の指摘を受けても一蹴して犯行を継続させたもので、被告人Aが首謀者として本件犯行を主導したことは明白である。しかるに、被告人Aは原審公判において前記のとおり供述しており、自己の刑責を免れることに汲々としていて真摯な反省の態度を示していないことをも考慮すると、その刑事責任を軽くみることはできない。しかしながら、名古屋証券取引所に上場したケイエス冷凍食品株は公募・売出株数合計 33 万株で出来高も少なく、本件に係る買付顧客以外に一般投資家により売買された株数が多いとはいえず、本件犯行が一般投資家の投資判断に影響を与えたにしても、その程度や被らせた経済的不利益はそれほど大きくはなかったと考えられること、被告人Aは個人的な利欲目的で本件犯行に及んだものではないこと、上記の分散受託などの具体的な犯行態様の選択については被告人Aは関与していないことのほか、本件に係る買付顧客の損害は被告人Aが補填したこと、前科がないこと、健康状態がすぐれないことなど、被告人Aのために酌むべき事情も認められる。これらの事情をも併せ考慮すると、上記のとおり被告人の刑事責任は軽くみることができないにしても、実刑に処するのはやや厳に過ぎ、刑の執行を猶予するのが相当というべきである。」（抜粋・筆者が一部補充）と判示した。

　上記に抜粋した名古屋高裁判決の要旨の前半部分を見ると、被告人Aの行為がかなり悪質だったという印象を受ける。にもかかわらず、名古屋高裁は、「ケイエス冷凍食品株は公募・売出株数合計 33 万株で出来高も少なく、本件に係る買付顧客以外に一般投資家により売買された株数が多いとはいえず、本件犯行が一般投資家の投資判断に影響を与えた

にしても、その程度や被らせた経済的不利益はそれほど大きくはなかった」ことを第一の理由にあげ、原判決の実刑判決という判断は重すぎると判示した。相場操縦規制は、自然の需給に反して相場に人為的な操作を加えることによって、他の投資者の投資判断に負の影響を与えることを防止する点に本質がある。そこで、高裁判決は、被告人の行為によって生じた結果、相場に与えた影響度という客観的な側面をより重視し、量刑判断を見直したものと考えられる。

### コラム⑦　株価固定の立証・認定について

　株価固定事件の裁判例は少なく、どのような行為が株価固定罪に該当するかという議論が尽くされている状況ではありません。そして、株価固定罪の該当性を考えるに当たっては、金商法159条3項の規定が抽象的であり、また、講学上の「目的犯」ではないと判示する協同飼料事件の高裁判決があること等に留意すべきです。

　過去に株価固定罪が適用された事件を見ますと、いずれも、被告人が維持固定したいと考えていた株価を具体的に特定できる事案でした。すなわち、本文で紹介した丸八証券事件ではケイエス冷凍食品株券の公募価格、夢の街創造委員会事件では被告人に追加保証金が発生する価格でした。つまり、実務的には、客観的な株価固定行為の分析とともに、行為者が特定の株価を維持固定したいと考えた動機・必要性や、特定の株価に固定させることについて利害関係を有していた事情を明らかにすることが重要と思われます。夢の街創造委員会事件東京高裁判決では、被告人が株価を固定させる目的を否認して争ったものの、裁判所は、「被告人は1190円程度であった追加保証金発生ラインを割り込むかどうかに強い利害関係を持ち、同ラインを死守することを念頭に大引け間際に極端な買い上がり買付けを重ねるなどの取引を行っていたのであり、このような被告人の置かれた状況、取引態様に照らせば、被告人が、追加保証金が発生しない程度の株価を水準として、これを維持しようとしていたのは明らか」と判示しています。

　次に、被告人が行った行為の経済的合理性の有無を明らかにすることも重要と思われます。例えば、株価が下落すれば当該株は割安となりますから、一般的に投資者が、買い付けたいと希望するのは当然です。したがって、株価下落局面で買付けを行った結果、仮に株価が下落を緩和

させ、ある価格に収ったとしても、それをもって直ちに株価固定と認定することはできないと考えられます。もっとも、この点については、上記の特定の株価を維持したいと考えた動機・必要性を明らかにすれば自ずから解決されるのかもしれません。

　さらに、協同飼料事件の高裁判決を前提とすると株価固定罪は、ある株価を一定の範囲から逸脱しないようにするのにふさわしい有価証券売買等を禁じるものとされていますので、行われた取引につき、株価固定罪として処罰すべき客観的な「ふさわしさ」が備わっていることも重要と思われます。客観的な「ふさわしさ」が認められない場合、そもそも行為者が株価を固定させる目的を有していなかったのではないかという疑問が生じるからです。金商法 159 条 3 項の条文にも「一連の」株売買等を禁じると規定されていますので、1 回の取引ではなく、このような株取引を反復・継続して行うことによって、客観的な「ふさわしさ」を備えることになるでしょう。そして、相場操縦規制の趣旨に照らすと、他の投資者から見て、その投資判断に悪影響を与えうる行為を処罰対象とすべきということになると思われますし、「固定させる」という日本語の意味は株価を動かなくさせるということだと考えられることなどから、実務的には、発注の量（市場占有率や出来高との関係）・発注方法・取引時間等を分析し、他の投資者をして安定的な値動きの銘柄であると誤信させるのに足るだけの期間、株価を一定の範囲から逸脱させないようにしうるものか否かを認定することになると思われます。加えて、丸八証券事件・夢の街創造委員会事件の株価チャート図を見ると、被告人が安定操作行為を止めるやいなや、株価が短期間で急落しており、多くの投資者に混乱と損害を与えたことがわかります。このような犯行後の株価の動きも、被告人の客観的な取引行為が株価固定罪として処罰されるのにふさわしいか否かを認定する間接的な証拠関係になると考えられます。

## ▷事例 10　風説の流布・偽計と相場操縦とが併せ行われた事例——新日本理化株券にかかる相場操縦事件

### ＜事案の概要（相場操縦と風説の流布・偽計罪との関係）＞

　本件は、被告人A及び被告人Bらが共謀の上、平成 23 年 11 月頃から同年 12 月にかけて、被告人Aが中心となって結成した投資サークルのホームページ上のブログに、かつて被告人Aが兼松日産農林株券で仕手戦をしかけ、「空売りの踏上げ相場」を形成させて同株の価格を急騰さ

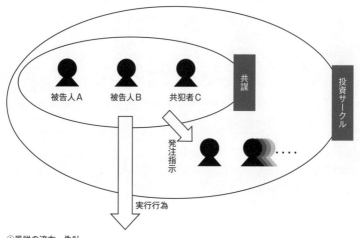

①風説の流布・偽計
新日本理化株券の株価が空売りの踏上げ相場によって暴騰する旨、投資サークルのHPの
ブログで流布

②相場操縦
ブログの内容を実現させるため
・立会開始前に大量の成行買い注文
・最良買気配値近辺に株価上昇に追随して買い注文
・下値に大量の買い注文

せた経歴を紹介した上、真実は、新日本理化株の空売りが溜まっておら
ず踏み上げ相場が形成される様相がなかったにもかかわらず、空売り残
が過度に溜まっていて平成24年3月頃までに新日本理化株の価格が
「空売りの踏上げ相場」によって、200円程度から1300円程度まで急
騰する旨の内容虚偽の記事を公表し（風説の流布・偽計）、さらに、上記
ブログの内容を実現させるべく、平成24年2月15日から3月2日に
かけて、自ら、又は投資サークルのメンバーに株取引を指示するなど
し、新日本理化株の相場操縦を行って、株価を人為的に1300円程度ま
で上昇させた（相場操縦）という事案である。

## ＜罪となるべき事実の要旨＞

被告人A、被告人Bらは共謀の上、財産上の利益を得る目的で、大阪
証券取引所が開設していた有価証券市場に上場していた新日本理化が発

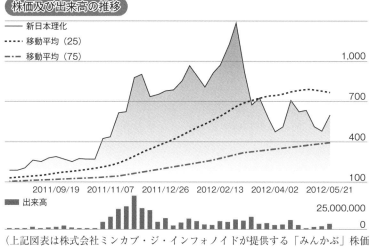

（上記図表は株式会社ミンカブ・ジ・インフォノイドが提供する「みんかぶ」株価チャート "https://minkabu.jp/stock/4406/chart" からの引用である）
　2011 年 11 月以降の株価急騰はブログによる風説の流布を原因とするものであり、その後の 2012 年 2 月以降の株価急騰は相場操縦によるものである。相場操縦をやめたとたん、2012 年 3 月に株価が急落し、他の投資者に大きな影響を与えたことがわかる。

行した株について、その株価の高値形成を図ろうと企て、平成 24 年 2 月 15 日から同年 3 月 2 日までの間、13 取引日にわたり、同株の売買を誘引する目的で、被告人Bほか 3 名義で、立会開始前に大量の成行買い注文等を入れ、立会時間に最良買気配値近辺の値段及び最良買気配値から離れた下値に大量の買い注文を入れるなどの方法により、合計 296 万 5600 株を買い付けるとともに、合計 279 万 6600 株の買付けの委託を行う一連の取引をし、同株の株価を 871 円から 1297 円まで上昇させた上、同年 2 月 17 日から同年 3 月 5 日までの間、4 取引日にわたり、当該上昇させた株価により、合計 147 万 5400 株を売り付け、もって、同市場における同株の相場を変動させるべき一連の株券売買及びその委託をし、当該上昇させた株価により、同株の売買を行った。
（※本件では、上記相場操縦事件とともに、被告人A及びBが風説の流布・偽計罪、さらに被告人Aが大量保有報告書不提出罪でも起訴されたが、それらの事実については省略）。

## ＜裁判等の経過＞

①　監視委は、平成 27 年 12 月 4 日、被告人A及び被告人Bを東京地
　検検察官へ告発

②　東京地検は、同月 7 日、両名を起訴

③　被告人A死亡につき、東京地裁は公訴棄却判決

④　被告人Bにつき、第一審判決（東京地判平成 30 年 3 月 22 日）
　懲役 2 年 6 月執行猶予 4 年及び罰金 1000 万円
　追徴金約 26 億 5864 万円（売買差益説を採用）

⑤　控訴審判決（東京高判令和 2 年 7 月 21 日）控訴棄却

⑥　上告審判決（最判令和 3 年 11 月 16 日）上告棄却

## ＜解説＞

ア　変動操作の内容

　本件では、本書で紹介してきた典型的な変動操作（対当売買、買い上
がり買付け、終値関与、見せ玉など）ではなく、①立会開始前に大量の成
行買い注文を入れる、②立会時間に最良買気配値近辺の値段に株価の変
動に追随して連続して買い注文を入れ、それを場に残す、③立会時間に
最良買気配値近辺の値段及び最良買気配値から離れた下値に大量の買い
注文を入れる、という手法が用いられた。

(a)　立会開始前の大量の成行買い注文

　第一審の東京地裁判決は、大要「寄付き前の成行買い注文は、寄付き
前の板の中心値段（寄付き前にその時点の板状況で寄り付くとしたら幾らの
値段で値が付くかということを示すもの）を上昇させる方向に働くもので
あり、寄付き前において、成行売り注文よりも成行買い注文を多くする
ことで、第三者に、その株について買い需要が旺盛であるという印象を
与える。そして、立会時間中の成行買い注文の場合と異なり、寄付き前
の成行買い注文は、直ちに約定しないため、上記買い需要が旺盛である
ことを発注時から寄付き時まで第三者に示すことができる上、誘引され
て寄付き前に高値又は成行で買い注文を出した第三者と共に始値を形成
することができるので、立会時間中の成行買い注文よりも、自己の買い
注文を約定させずに株価を上昇させることができる方法と考えられる。」

とその態様を分析した。

　分析にあるとおり、寄付き前に大量の成行買い注文を入れることによって、前日から引き続いて買い基調が強くなっているという印象を他の投資者に与えることができる。コラム①で紹介した中間報告書でも、こうした「寄付き前から前日の終値より高い指値で買い注文を出す」行為は、変動操作に該当しうる一形態に挙げられている。

　(b)　立会時間に最良買気配値近辺の値段に株価の変動に追随して連続して
　　　買い注文を入れ、それを場に残すこと

　第一審の東京地裁判決は、大要「特におおむね 1 円刻みに大量に残されている買い注文は、最良買気配値近辺の買い注文の板を厚くすることになる。最良買気配値近辺の買い注文の発注状況は第三者も見ることができるところ、そのような買い板の状況は、それを見た第三者に対し、買いの需要が旺盛であるとの印象を与える。そして、買い需要が旺盛と考え、株を買う第三者は、当該買い注文が約定してしまわない限り、当該買い注文の値段及びそれより下の値段で株を買うことはできないから、買いたいと思う場合にはそれより高い値段で買指値注文又は成行買い注文を出す必要がある。そうすると、上記買い注文は、自己が買い付けることなく、上記誘引された第三者の買い注文の約定によって株価を上昇させられることから、買い付け資金を最小限にとどめる一方で、株価を上昇させることができる買い指値注文の方法である。加えて、その後株価が上昇した場合には、これらの買い注文は最良買気配値から離れた下値への買い指値注文として残るため、株価下落局面において、株価が下落するのを防止する効果と第三者の買い注文を促進する効果がある。」と評価した。

　この裁判所の評価は、主として、連続して入れた買い注文を場に残した行為が下値を厚くするという点に着目している。しかしその前提となる、株価の変動に追随して買い最良気配値付近に継続的に買い注文を入れる行為は、新値を形成してもなお買い基調が依然として強いことを繰り返しアピールする行為であるので、それ自体も変動操作に該当しうる。前記中間報告書も「市場の上げにすかさず追随する買付け等を反復継続して行う」行為を変動操作に該当しうる一形態に挙げている。

(c)　立会時間に最良買気配値近辺の値段及び最良気配値から離れた下値への大量の買い指値注文

　第一審の東京地裁判決は、大要「下値への大量の買い注文は、株価が下落した際に売り注文と約定し、株価が下落するのを防止するとか、株価下落局面において、厚い買い注文の板が最良買気配値の下値に存在することを第三者に示すことで、売り注文が出ても当該買い注文と約定して株価下落は防止され、株価は上昇に転じるとの印象を与えることができ、第三者の買い注文を促進する効果がある。」と評価した。

　被告人両名は、前日終値や当日の始値を意識して、それらの価格帯の下値に買い注文を大量に入れていた。これら行為は、当日の株価が前日終値を上回るように、又は、当日終値が始値を上回って「ろうそく足チャート」が白色になるように行われていたものと考えられる。上記(a)の寄付き前に大量の成行買い注文を入れて、連日のように買い基調が強い相場であると見せかけたかったことからもわかるように、被告人両名は、新日本理化株の価格を操作して少額の売買差益を得るのではなく、相場全体を何日にもわたって支配し、株価が何日にもわたって買い基調が強いように見せるという大掛かりな相場操縦をしようという意図を見て取ることができる。

イ　誘引目的の認定

　東京地裁判決は、誘引目的の解釈について、協同飼料事件最高裁判決の解釈を引用した上、大要「被告人の買い注文は、それぞれ株価を上昇させる効果を有する買い注文であるところ、寄付き前に買指値注文を出す一方で、成行買い注文を出して当該買い指値注文よりも寄り前気配値を上昇させ、当該買い指値注文を約定させにくくしたり、最良買い気配値より離れた下値への買い指値注文があるのに最良買気配値近辺に買指値注文を出して下値の買指値注文を約定させにくくするなど、整合しない買指値注文の出し方をしていることに照らすと、被告人の買い注文は、新日本理化株を買い付けたいという意図の下での買い注文ではなく、自然の需給関係によるものと見せかけて人為的に株価を上昇させるための注文であると推認できる。」と評価し、経済的合理性のない株取

引であるとした。その上で「これらの発注形態に加え、……平成 24 年
2 月上旬まではほとんど新日本理化株の買付けをしなかったにもかかわ
らず、同月 15 日から突如として新日本理化株の買い注文を大量に出し
始めたという経緯に照らせば、被告人の買い注文は、株価が安いうちに
買っておきたいという経済的に合理的な意図とは異なる何らかの意図が
あって行った行為と推認できる。そして、被告人は、ホームページ上の
コラムにおいて、平成 24 年 3 月には新日本理化株の株価は 1300 円に
上昇する旨公言していたものの、実際には、株価が自然に 1300 円まで
上昇するような事情はなかったことからすれば、被告人には、人為的に
株価を変動させて上記の株価上昇を実現しようとする動機も認められ
る。そうすると、被告人の行為は、人為的な操作を加えて相場を変動さ
せるにもかかわらず、投資者にその相場が自然の需給関係により形成さ
れるものであると誤認させて有価証券市場における売買取引に誘い込む
目的で行われたものと認められる。」と認定した。

　個々の変動操作の態様に加えて、ブログの記載内容を誘引目的を有し
ていたことの根拠の一つにしており、事案の全体像に則した判断をして
いる。

# 第7章 新しい手口の相場操縦事件への対応

　これまで紹介した相場操縦事件は、いずれも金商法159条が適用された事案であった。しかし、近年、同条を適用することが困難な、新たな手口による相場操縦事件が発生している。

　ここでは、特殊見せ玉という新しい手口の相場操縦に金商法158条（偽計）が適用されて課徴金納付命令が出された事件を紹介する。

　一般的な見せ玉の手法に対しては、誘引目的を伴う変動操作取引として金商法159条2項1号が適用できる。しかし、本件の特殊見せ玉は、すでに発注されている第三者の引成買い注文に対して、約定させる意思のない引成売り注文を発注することで、買い側と売り側の引成注文の発注株数が同程度である引けの発注状況を作出したものであり、他の投資者の株取引を誘い込もうとするのではなく、逆に、他の投資者に株取引を控えさせるという目的の下に行われたものと考えられるのである。よって、同号の「誘引目的」の定義に合致しない取引であることから同号を適用することができない。

　以下では、まず特殊見せ玉の手法について具体例を示し、その後実際の課徴金納付命令事件を紹介する。

## 1　特殊見せ玉の具体例

　第三者の引成買注文により、引けでの株価上昇が見込まれる中（現在値500円、予想約定値段505円）、行為者は、①「約定させる意思のない引成売注文（特殊見せ玉）」を100単位発注して、引けの予想約定値段を現在値と同じ500円に下落させ、他の投資者に対し、引けで株価が上昇しないように見せかけて新たな売買注文の発注を控えさせた上、現在値（500円）で10単位を買付ける。②引け直前に、不要となった引成売注文（特殊見せ玉）を100単位から10単位に数量訂正することで、

①特殊見せ玉の発注と現在値での買付け

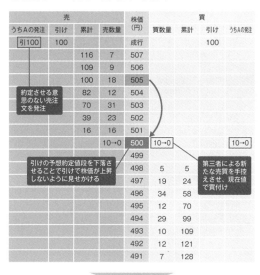

②引け直前における特殊見せ玉の数量訂正

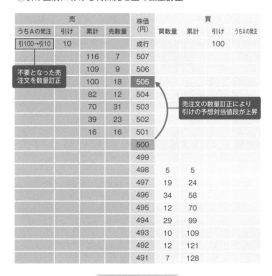

③引けでの保有株売却

| うちAの発注 | 引け | 累計 | 売数量 | 株価(円) | 買数量 | 累計 | 引け | うちAの発注 |
|---|---|---|---|---|---|---|---|---|
| 引10→0 | 10 | 10 | 10→0 | 成行 | 100→0 | 100 | 100 | |
| | | 126 | 7 | 507 | | 100 | | |
| | | 119 | 9 | 506 | | 100 | | |
| | | 110 | 18→10 | 505 | | 100 | | |
| | | 92 | 12→0 | 504 | | 100 | | |
| | | 80 | 31→0 | 503 | | 100 | | |
| | | 49 | 23→0 | 502 | | 100 | | |
| | | 26 | 16→0 | 501 | | 100 | | |
| | | | 10 | 500 | | 100 | | |
| | | | 10 | 499 | | 100 | | |
| | | | 10 | 498 | 5 | 105 | | |
| | | | 10 | 497 | 19 | 124 | | |
| | | | 10 | 496 | 34 | 158 | | |
| | | | 10 | 495 | 12 | 170 | | |
| | | | 10 | 494 | 29 | 199 | | |
| | | | 10 | 493 | 10 | 209 | | |
| | | | 10 | 492 | 12 | 221 | | |
| | | | 10 | 491 | 7 | 228 | | |

（高値での保有株売却に成功）

（日本取引所自主規制法人のホームページから引用して一部加工）

引けの予想約定値段を再び 505 円に上昇させる。③あらかじめ 500 円で買い付けておいた 10 単位について、より高い値段（505 円）で引けでの売却に成功し利益を確定させる。行為者は、特殊見せ玉によって他の投資者の新たな売買・発注を控えさせていることから、行為者に誘引目的を看取することができないのである。

## 2　第一稀元素化学工業株式外 6 銘柄に係る特殊見せ玉事件
### ＜決定事実の概要＞ （抜粋）

　被審人は、東京証券取引所に上場されていた第一稀元素化学工業の株につき、他の投資者が発注した引け条件付き成行注文（以下「引成注文」という）のうち、買い側の引成注文（以下「引成買い注文」という）の発注株数が売り側の引成注文（以下「引成売り注文」という）の発注株数を上回る状況、又は、引成売り注文の発注株数が引成買い注文の発注株数を上回る状況であり、当該発注状況を見た第三者が発注株数の少ない側に引成注文を発注するなどして、新たな売買を行うことが想定される状

態であったところ、真実は、約定意思がなく、引け直前に指値注文に変更して約定を回避するつもりであるにもかかわらず、発注株数の少ない側に引成注文（以下「本件各引成注文」という）を発注することによって、あたかも約定意思があるかのように装い、引成買い注文と引成売り注文の発注株数が同程度である状況を作出し、第三者をして、引けまで当該発注状況が維持されるであろうとの錯誤を生じさせ、第三者の新たな売買を阻害した上、本件各引成注文を引け直前に、引け条件付き指値注文に変更して約定を回避することによって、引けにおいて、引成買い注文の発注株数と引成売り注文の発注株数のいずれかが他方を上回る状況にすることで、自らに有利な売買を行うことを企て、平成 29 年 7 月 7 日午前 11 時 06 分頃、引成買い注文の発注株数と引成売り注文の発注株数が同程度になる数量だけ、発注株数の少ない側に約定意思のない引成注文 1900 株を発注し、引成買い注文と引成売り注文の発注株数が同程度である状況を作出した上、同日 11 時 29 分頃、引成注文を引け条件付き指値注文に変更して約定を回避することにより、引けにおいて、引成買い注文の発注株数と引成売り注文の発注株数のいずれかが他方を上回る状況にすることで、上記 11 時 06 分頃から 11 時 29 分頃までの間、引成買い注文の発注株数と引成売り注文の発注株数とが同程度である虚偽の発注状況を作出し、第三者に、引けまで、当該発注状況が維持されるであろうとの錯誤を生じさせ、もって有価証券の売買のため、偽計を用い、当該偽計により、第一稀元素化学工業の株につき、上記時刻の間、第三者による新たな売買を阻害しつつ、同日 11 時 29 分頃、本件引成注文を引け条件付き指値注文に変更して約定を回避することによって、引けにおいて、引成買い注文の発注株数と引成売り注文の発注株数のいずれかが他方を上回る状況にし、もって、同有価証券の価格に影響を与えるとともに、自己の計算において、同株を 600 株買い付け、1900 株の売付けを委託した。

## ＜決定に至る経緯＞

　平成 30 年 10 月　5 日：課徴金納付命令の勧告
　　　　　10 月 10 日：審判手続開始決定

11 月 15 日　：課徴金納付命令の決定

## ＜解説＞

　特殊見せ玉の発注により、引け時点における売買発注株数が同程度と
なる状況が作出され、これにより第三者の売買活動が阻害されていたと
すれば、それは不公正取引が行われたと評価せざるを得ない。そもそ
も、引け時点における真実の需給バランスが不均衡であれば、第三者は
その不均衡なバランスを踏まえた投資活動を行うはずである。例えば、
買いが売りを上回る不均衡が存在すれば、第三者は「引け値が高くなる
だろうから今のうちに買っておこう」とか、「引けで高値で売ろう」と
考えるであろう。しかし、そのような不均衡が行為者の見せ玉により解
消されてしまえば、第三者はそうした投資活動を行わなくなる。すなわ
ち、真実は不均衡である需給バランスを自らの見せ玉発注により均衡な
状況であると見せかけることで、本来であれば第三者が行うはずであっ
た投資活動を控えさせることになる。

　これが、不公正な取引であることは明らかである。そして、協同飼料
事件で示された「誘引目的」の定義を満たさない特殊見せ玉という新し
い手法を用いた不公正取引について、「他人に誤解を生じさせる詐欺的
あるいは不公正な策略や手段」である「偽計」（金商法 158 条）に該当
するとされたのが本件であった。

　158 条（偽計）の成立要件は、「有価証券の募集、売出し若しくは売
買その他の取引若しくはデリバティブ取引等のため」、又は「有価証券
等の相場の変動を図る目的をもって」という限定が付されているもの
の、「誘引目的」は必要とされていない。したがって、159 条各号に該
当しないがなお不公正な相場操縦として立件すべき事案に 158 条が適
用されることは十分に考えられる。特に、不公正取引の一般条項である
157 条に違反する行為が課徴金事件の対象とされていないことから、課
徴金事件については、158 条が一般条項の役割を果たすことになるので
はないかと思われる。

　今後、刑事事件（犯則事件）で、このような新しい手口の相場操縦事
件に金商法 158 条偽計罪が適用されるか否か注目したい。

**コラム⑧　高速取引等の新しい取引に対する規制**

　アルゴリズムを用い、取引所に近い場所にサーバーコンピュータを置き、極めて短時間に大量の売買を執行する取引を高速取引（HFT、High Frequency Trade）と呼びます。東証は、平成 22 年 1 月から、世界最高水準の高速性・信頼性・拡張性を兼ね備えた、現物商品の売買システムである「arrowhead」を稼働させており（現在は、令和元年 11 月にバージョンアップされた三代目「arrowhead」が稼働）、このシステム導入によってHFTが可能となりました。

　高速取引については、市場関係者・学者などから、市場の安定性や効率性、投資者間の公平性、中長期的な企業価値に基づく価格形成、システムの脆弱性等の観点から、各種懸念が指摘されています。金融審議会は、平成 28 年 12 月 22 日付けで、アルゴリズムを用いた相場操縦等の不公正取引が市場の公正性に影響を与えるおそれについて言及しました（「市場ワーキング・グループ報告～国民の安定的な資産形成に向けた取組みと市場・取引所を巡る制度整備について～」13～14 頁）。これを踏まえ、平成 29 年金商法改正では、「高速取引行為」の定義付（金商法 2 条 41 項）や高速取引行為を行うための資格要件（金融商品取引業者等以外の者についての登録制度（金商法 66 条の 50 第 1 項））が定められ、また、金融商品取引業者等が高速取引行為を行う場合における内閣総理大臣への届出等の規定の整備（29 条の 2 等）、高速取引行為者以外の者が行う高速取引受託禁止（38 条 8 号）、金融商品取引所における高速取引行為者に対する調査等権限付与（85 条の 5）といった業規制に関する法令が整備されました。

　実務的には、高速取引によって相場操縦が行われた場合にどのように規制するか、現在行われている、場帳と場の再現を立証ツールとした調査・捜査で対応することができるのかが課題になってくると思われます。毎年発刊される「証券取引等監視委員会の活動状況」にも、今後の課題の一つとして、高速取引に係る審査手法の効率化・高度化が挙げられています（例えば、活動状況（令和 3 年 6 月）47 項）。

　また、将来的には、人工知能（AI）を使った株取引が盛んになるかもしれません。AIが自ら学習をした知識を用いて相場操縦を行ってしまった場合、AIの作成者・設定者を相場操縦罪や偽計罪として立件できるでしょうか。立件できるのはどのような場合で、捜査・調査機関はどのような証拠を収集すれば良いでしょうか。今後の実務の進展を刮目して待ちたいと思います。

○　参考資料１　課徴金事件一覧表

| 番号 | 勧告年月日 | 銘柄 | 違反行為者の属性 | 主な手段・変動操作の態様 | 納付命令決定日 | 課徴金額 | 審判期日開催の有無 | 引用・備考 |
|---|---|---|---|---|---|---|---|---|
| 1 | H20.12.19 | トリニティ工業 | 個人投資家（主に株取引で生計） | ・対当売買 | H21.1.20 | 745万円 | 無 | |
| 2 | H21.6.30 | ガイアックス | 個人投資家（会社員） | ・買い注文発注による買い特別気配の表示、及び更新後の売り注文発注による板寄せ成立<br>・対当売買 | H21.8.4 | 326万円 | 無 | |
| 3 | H21.7.28 | 総和地所 | 個人投資家（無職） | ・対当売買<br>・（買い）見せ玉 | H21.8.27 | 16万円 | 無 | |
| 4 | H21.11.5 | SBIフューチャーズ | 個人投資家（会社役員） | ・対当売買<br>・買い上がり買付け | H21.11.30 | 100万円 | 無 | |
| 5 | H22.2.2 | タウンニュース | 個人投資家（発行体社員） | ・対当売買<br>・買い上がり買付け | H22.2.23 | 25万円 | 無 | |
| 6 | H22.2.26 | スズケン | 個人投資家（株取引で生計） | ・（売り・買い）見せ玉 | H22.3.23 | 159万円 | 無 | |
| 7 | H22.5.18 | バリューコマース | 個人投資家（無職） | ・対当売買<br>・（売り・買い）見せ玉 | H22.6.4 | 95万円 | 無 | |
| | | | 個人投資家（団体職員） | ・対当売買<br>・売崩し | | 26万円 | 無 | |
| 8 | H22.9.7 | 小池酸素工業 | 個人投資家（会社員） | ・買い上がり買付け<br>・対当売買 | H22.10.4 | 54万円 | 無 | |
| 9 | H22.12.21 | インスペック | 個人投資家（医師） | ・買い上がり買付け<br>・対当売買 | H23.12.26 | 1864万円 | 有 | |
| 10 | H23.1.25 | 北越紀州製紙 | 個人投資家（無職） | ・（売り・買い）見せ玉 | H23.2.16 | 57万円 | 無 | 第4章 課徴金事例6 |
| 11 | H23.2.4 | シニアコミュニケーション | 個人投資家（会社員） | ・買い上がり買付け<br>・対当売買<br>・終値関与<br>・（買い）見せ玉 | H23.3.3 | 30万円 | 無 | |
| 12 | H23.4.12 | 酒井重工業 | 個人投資家（無職） | ・対当売買<br>・買い上がり買付け | H23.12.13 | 438万円 | 有 | |
| 13 | H23.8.2 | セイクレスト | 個人投資家（無職） | ・株価引上げ<br>・（買い）見せ玉 | H23.9.7 | 58万円 | 無 | |
| 14 | H23.11.2 | トラベラー | 個人投資家（会社役員） | ・買い上がり買付け<br>・対当売買 | H23.12.26 | 43万円 | 無 | |
| 15 | H24.6.15 | 出光興産 | 個人投資家（無職） | ・（売り・買い）見せ玉 | H24.7.10 | 166万円 | 無 | |
| 16 | H24.7.6 | ジェイプロジェクト | 個人投資家（無職） | ・株価引上げ<br>・対当売買 | H24.8.9 | 52万円 | 無 | |
| 17 | H24.8.31 | J.フロントリテイリング | 個人投資家（無職） | ・（売り・買い）見せ玉 | H24.10.3 | 135万円 | 無 | |

参考資料1 課徴金事件一覧表

| 番号 | 勧告年月日 | 銘柄 | 違反行為者の属性 | 主な手段・変動操作の態様 | 納付命令決定日 | 課徴金額 | 審判期日開催の有無 | 引用・備考 |
|---|---|---|---|---|---|---|---|---|
| 18 | H24.9.28 | 黒崎播磨 | 個人投資家（会社員） | ・対当売買<br>・株価引上げ | H24.11.9 | 1132万円 | 無 | |
| 19 | H24.10.12 | アイティメディア | 個人投資家（会社員） | ・馴合売買<br>・株価引上げ<br>・下値支え | H24.11.21 | 69万円 | 無 | |
| | | | 個人投資家（会社役員） | ・馴合売買<br>・株価引上げ<br>・下値支え | | 65万円 | 無 | |
| | | | 個人投資家（会社員） | ・馴合売買<br>・下値支え | | 42万円 | 無 | |
| 20 | H24.11.16 | 岐阜銀行 | 個人投資家（アルバイト） | ・仮装売買（対当売買） | H25.4.16 | 153万円 | 有 | 第4章 課徴金事例10 |
| 21 | H24.11.30 | ヴィンキュラムジャパン | 個人投資家（自営業） | ・対当売買<br>・株価引上げ<br>・（買い）見せ玉 | H24.12.21 | 442万円 | 無 | |
| 22 | H24.12.13 | ヤフー | 資産運用業者 | 直前約定値段より高値の上限価格を提示した買付けの計らい注文による株価引上げ | H25.1.28 | 6571万円 | 無 | 第4章 課徴金事例7 |
| 23 | H24.12.21 | プラコーほか2銘柄 | 個人投資家（無職） | ・株価引上げ<br>・（買い）見せ玉 | H25.1.28 | 95万円 | 無 | |
| 24 | H25.2.5 | ミマキエンジニアリング | 個人投資家（株取引で生計） | ・対当売買<br>・買い上がり買付け | H25.12.10 | 1028万円 | 有 | |
| 25 | H25.3.12 | 花月園観光ほか1銘柄 | 個人投資家（自営業） | ・（買い）見せ玉 | H25.4.1 | 107万円 | 有 | |
| 26 | H25.5.28 | マミーマートほか1銘柄 | 個人投資家（無職） | ・対当売買<br>・下値支え | H25.6.21 | 12万円 | 無 | |
| 27 | H25.6.14 | 21LADY | 個人投資家（無職） | ・対当売買<br>・買い上がり買付け | H25.7.18 | 360万円 | 無 | |
| 28 | H25.6.27 | フルキャストテクノロジー | 個人投資家（会社役員） | ・対当売買<br>・株価引上げ | H26.1.23 | 108万円 | 有 | |
| 29 | H25.7.31 | RISE | 資産運用業者 | ・（買い）見せ玉<br>・株価引上げ<br>・終値関与 | H26.8.1 | 4億3118万円 | 有 | |
| 30 | H25.9.25 | CKサンエツ | 個人投資家（会社役員） | ・対当売買<br>・終値関与 | H25.10.17 | 596万円 | 無 | |
| 31 | H25.10.11 | FPG | 個人投資家（会社役員） | ・株価引上げ | H25.11.8 | 700万円 | 無 | |
| 32 | H25.10.11 | ステップ | 個人投資家（自営業） | ・株価引上げ<br>・下値支え | H25.11.8 | 591万円 | 無 | |
| 33 | H26.2.18 | 酉島製作所ほか1銘柄 | 投資会社（自己資金のみを運用して収益追求） | ・（売り・買い）見せ玉 | H26.3.24 | 6万円 | 無 | |
| 34 | H26.3.11 | フィンテックグローバル | 個人投資家（自営業） | ・対当売買<br>・買い上がり買付け | H26.8.21 | 614万円 | 有 | |
| 35 | H26.4.22 | 三洋貿易 | 個人投資家（無職） | ・対当売買<br>・株価引上げ | H26.5.26 | 1042万円 | 無 | |

| 番号 | 勧告年月日 | 銘柄 | 違反行為者の属性 | 主な手段・変動操作の態様 | 納付命令決定日 | 課徴金額 | 審判期日開催の有無 | 引用・備考 |
|---|---|---|---|---|---|---|---|---|
| 36 | H26.6.13 | TOPIX先物 | 証券会社 | ・（売り・買い）見せ玉 | H26.6.26 | 543万円 | 無 | |
| 37 | H26.7.29 | メディアクリエイト | 個人投資家（無職） | ・（買い）見せ玉 | H26.8.21 | 71万円 | 無 | |
| 38 | H26.7.29 | TASAKI | 個人投資家（発行体社員） | ・株価引上げ | H26.11.6 | 172万円 | 無 | |
| 39 | H26.9.5 | 長期国債先物 | 個人投資家（海外居住・会社役員） | ・（売り・買い）見せ玉 | H26.11.6 | 33万円 | 無 | |
| 40 | H26.9.9 | ホクシン | 個人投資家（会社役員） | ・対当売買・株価引上げ | H26.10.17 | 4367万円 | 無 | |
| 41 | H26.10.10 | 川口化学工業 | 個人投資家（無職） | ・（買い）見せ玉・株価引上げ | H26.10.30 | 93万円 | 無 | |
| 42 | H26.11.11 | 伊勢化学工業 | 個人投資家（会社員） | ・対当売買 | H26.12.4 | 105万円 | 無 | |
| 43 | H26.12.5 | 日東電工 | 資産運用業者 | ・株価引上げ・下値支え | H30.6.11 | 6億8424万円 | 有 | |
| 44 | H27.2.27 | 高田工業所 | 個人投資家（会社役員） | ・対当売買・買い上がり買付け | H27.8.6 | 739万円 | 有 | |
| 45 | H27.3.6 | 日本海洋掘削ほか44銘柄 | 投資会社（自己資金により株式売買等を行って収益追求） | ・（買い）見せ玉・対当売買 | H29.3.14 | 2106万円 | 有 | 第4章　課徴金事例11 |
| 46 | H27.4.17 | トラスト | 個人投資家（自営業） | ・対当売買 | H27.5.18 | 170万円 | 無 | |
| 47 | H27.6.26 | 滋賀銀行ほか4銘柄 | 個人投資家（会社員） | ・（売り）見せ玉 | H27.7.30 | 128万円 | 無 | |
| 48 | H27.6.26 | ベクターほか1銘柄 | 個人投資家（自営業） | ・買い上がり買付け | H27.7.30 | 4688万円 | 無 | 第4章　課徴金事例3 |
| 49 | H27.8.4 | C&Gシステムズほか1銘柄 | 個人投資家（無職） | ・（買い）見せ玉 | H27.8.27 | 382万5000円 | 無 | 違反行為者は、本件と同様の相場操縦行為により過去5年以内に課徴金納付命令を受けていた。そのため課徴金額は通常の場合の1.5倍で計算（再度の違反行為による課徴金加算措置を適用した初の事案） |
| 50 | H27.9.18 | ヤマザキ | 個人投資家（無職） | ・対当売買・買い上がり買付け | H27.10.23 | 71万円 | 無 | |
| 51 | H27.10.23 | 東邦銀行 | 個人投資家（無職） | ・対当売買・買い上がり買付け | H27.11.26 | 1517万円 | 無 | |

143

参考資料1　課徴金事件一覧表

| 番号 | 勧告年月日 | 銘柄 | 違反行為者の属性 | 主な手段・変動操作の態様 | 納付命令決定日 | 課徴金額 | 審判期日開催の有無 | 引用・備考 |
|---|---|---|---|---|---|---|---|---|
| 52 | H27.12.15 | 琉球銀行 | 個人投資家（自営業） | ・仮装売買（対当売買） | H28.12.15 | 224万円 | 有 | |
| 53 | H28.2.2 | ディー・ディー・エス | 資産運用業者 | ・（買い）見せ玉 | H28.3.4 | 920万円 | 無 | |
| 54 | H28.2.2 | Mipox | 個人投資家（無職） | ・（買い）見せ玉<br>・対当売買<br>・買い上がり買付け | H28.3.3 | 58万円 | 無 | |
| 55 | H28.3.4 | ミクシィ | 資産運用業者 | ・売崩し<br>・（売り）見せ玉 | H28.5.23 | 744万円 | 無 | |
| 56 | H28.3.15 | ウィズ | 資産運用業者 | ・対当売買<br>・買い上がり買付け<br>・終値関与 | H28.4.21 | 382万円 | 無 | |
| 56 | | | 個人投資家（当該資産運用業者の社員） | ・対当売買<br>・買い上がり買付け | | 1125万円 | 無 | |
| 57 | H28.4.26 | メドレックスほか2銘柄 | 個人投資家（無職） | ・対当売買<br>・買い上がり買付け | H28.6.2 | 1965万円 | 無 | |
| 58 | H28.6.3 | 極東貿易ほか4銘柄 | 個人投資家（会社役員） | ・（売り）見せ玉 | H28.7.11 | 121万円 | 無 | |
| 59 | H28.9.27 | テクノホライゾン・ホールディングスほか2銘柄 | 個人投資家（商店従業員） | ・（売り・買い）見せ玉 | H28.10.17 | 414万円 | 無 | |
| 60 | H28.11.22 | クロス・マーケティンググループほか1銘柄 | 個人投資家（会社員） | ・買い上がり買付け<br>・（買い）見せ玉 | H29.3.13 | 423万円 | 有 | 第4章　課徴金事例9 |
| 61 | H28.12.6 | 西武ホールディングス | 証券会社 | ・（買い）見せ玉 | H28.12.16 | 2億1988万円 | 無 | |
| 62 | H29.1.31 | IGポート | 個人投資家（会社員） | ・対当売買<br>・買い上がり買付け | H29.2.27 | 690万円 | 無 | |
| 63 | H29.3.17 | 江崎グリコほか3銘柄 | 投資会社（自己資金により株式売買等を行って収益追求） | ・（売り・買い）見せ玉 | H30.1.25 | 1332万円 | 無 | |
| 64 | H29.3.24 | デジタルデザイン | 個人投資家（会社役員） | ・対当売買<br>・買い上がり買付け | H29.8.9 | 1228万円 | 有 | 平成29年5月、SAMURAI&J PARTNERS（株）に商号変更 |
| 65 | H29.4.11 | フォーバル・リアルストレートほか6銘柄 | 個人投資家（無職） | ・買い上がり買付け<br>・見せ玉 | H29.5.11 | 67万円 | 無 | |

| 番号 | 勧告年月日 | 銘柄 | 違反行為者の属性 | 主な手段・変動操作の態様 | 納付命令決定日 | 課徴金額 | 審判期日開催の有無 | 引用・備考 |
|---|---|---|---|---|---|---|---|---|
| 66 | H29.9.1 | アサカ理研 | 個人投資家（無職） | ・対当売買<br>・買い上がり買付け<br>・終値関与 | H29.9.28 | 208万円 | 無 | |
| 67 | H29.11.21 | セントラル硝子ほか4銘柄 | 個人投資家（無職） | ・（買い）見せ玉（引け条件付きの成行の買い注文を大量に入れる） | H29.12.14 | 150万円 | 無 | |
| 68 | H30.1.16 | エボラブルアジア | 資産運用業者 | ・上値抑え | H30.3.19 | 1億341万円 | 無 | |
| 69 | H30.3.23 | ユアテックほか1銘柄 | 個人投資家（会社役員） | ・対当売買<br>・（売り・買い）見せ玉<br>・高値形成 | H30.4.23 | 47万円 | 無 | |
| 70 | H30.5.11 | 桧家ホールディングス | 個人投資家（会社員） | ・対当売買 | H30.6.11 | 21万円 | 無 | 第4章　課徴金事例1 |
| 71 | H30.6.26 | ココカラファイン | 個人投資家（無職） | ・（売り・買い）見せ玉 | R2.6.11 | 493万円 | 有 | |
| 72 | H30.6.29 | 長期国債先物 | 証券会社 | ・（売り・買い）見せ玉 | H30.7.30 | 2億1837万円 | 無 | |
| 73 | H30.10.5 | 第一稀元素化学工業ほか6銘柄 | 個人投資家（無職） | ・特殊見せ玉 | H30.11.15 | 73万円 | 無 | 第7章　事例（偽計で処理） |
| 74 | H30.12.7 | トラスト | 個人投資家（無職） | ・買い上がり買付け<br>・終値関与 | H31.4.18 | 1300万円 | 有 | |
| 75 | H30.12.11 | ソフトフロントほか1銘柄 | 個人投資家（会社役員） | ・（買い）見せ玉<br>・買い上がり買付け | H31.1.28 | 79万5000円 | 無 | 違反行為者は、本件と同様の相場操縦行為により過去5年以内に課徴金納付命令を受けていた。<br>そのため課徴金額は通常の場合の1.5倍で計算 |
| 76 | H31.1.11 | ダイベア | 個人投資家（会社役員） | ・対当売買<br>・終値関与 | H31.4.18 | 273万円 | 無 | 第4章　課徴金事例5 |
| 77 | H31.3.26 | 長期国債先物 | 資産運用業者 | ・（売り・買い）見せ玉 | R1.6.6 | 1億3337万円 | 無 | |
| 78 | H31.3.29 | リブセンスほか2銘柄 | 個人投資家（無職） | ・特殊見せ玉 | R1.5.30 | 36万円 | 無 | 偽計で処理 |
| 79 | H31.3.29 | ウィルグループほか4銘柄 | 個人投資家（自営業） | ・特殊見せ玉 | R1.5.30 | 96万円 | 無 | 偽計で処理 |

参考資料1　課徴金事件一覧表

| 番号 | 勧告年月日 | 銘柄 | 違反行為者の属性 | 主な手段・変動操作の態様 | 納付命令決定日 | 課徴金額 | 審判期日開催の有無 | 引用・備考 |
|---|---|---|---|---|---|---|---|---|
| 80 | H31.4.5 | エルナーほか2銘柄 | 個人投資家（無職） | ・株価引上げ<br>・（買い）見せ玉 | R1.5.30 | 184万5000円 | 無 | 第4章 課徴金事例2 違反行為者は、本件と同様の相場操縦行為により過去5年以内に課徴金納付命令を受けていた。そのため課徴金額は通常の場合の1.5倍で計算 |
| 81 | R1.9.20 | 桂川電機ほか3銘柄 | 個人投資家（無職） | ・（売り・買い）見せ玉<br>・株価引上げ | R1.11.28 | 119万円 | 無 | |
| 82 | R1.11.8 | 石垣食品ほか1銘柄 | 個人投資家（無職） | ・（買い）見せ玉<br>・買い上がり買付け | R2.1.30 | 470万円 | 無 | |
| 83 | R2.1.28 | ビート・ホールディングス・リミテッド | 個人投資家（自営業） | ・株価引上げ<br>・対当売買<br>・終値関与 | R3.3.4 | 2357万円 | 有 | 第4章 課徴金事例8 |
| 84 | R2.2.28 | 東洋合成工業 | 個人投資家（会社員） | ・株価引上げ<br>・対当売買 | R2.5.26 | 805万円 | 無 | |
| 85 | R2.9.11 | さいか屋 | 個人投資家（会社役員） | ・安定操作 | R3.10.7 | 1334万円 | 有 | |
| 86 | R2.11.4 | 大和重工 | 個人投資家（会社員） | ・買い上がり買付け<br>・下値支え | R3.3.4 | 906万円 | 無 | 第4章 課徴金事例4 |
| 87 | R2.12.15 | キムラタン | 個人投資家（無職） | ・株価引上げ<br>・対当売買 | R3.3.4 | 425万円 | 無 | |
| 88 | R3.1.29 | ジョルダン | 個人投資家（無職） | ・買い上がり買付け | R3.4.8 | 2673万円 | 無 | |
| | | | 個人投資家（無職） | ・株価引上げ | | 70万円 | 無 | |

注記
1 本一覧表には、令和3年6月末までにリリースされた課徴金事例集に掲載された事案であり、かつ各項目全てにつきその概要が判明しているものを掲載した（但し番号22. 24の事案については、当時の課徴金事例集には未掲載ながらも、決定書等で各項目の概要が判明していることから掲載した。）。
2 （売り・買い）見せ玉/上値抑え・下値支えの区別
「（売り・買い）見せ玉」：決定書に「約定させる意思のない」との趣旨の記載又は課徴金事例集に「見せ玉」との記載がある場合
「上値抑え・下値支え」：そのような記載のない場合

3　買い上がり買付け/株価引上げの区別
　　「買い上がり買付け」：決定書又は課徴金事例集に「買い上がり買付け」
　　　　　　　　　　　　　の記載がある場合
　　「株価引上げ」：そのような記載のない、買付けによる株価引上げの場合

○　参考資料2　告発事件一覧表（2022年4月末現在）

| 番号 | 銘柄 | 手段・変動操作の態様 | 実行行為期間 | 告発年月日 | 判決年月日・裁判所 | 判決の内容 | 引用・備考 |
|---|---|---|---|---|---|---|---|
| 1 | 日本ユニシス | 仮装売買<br><br>買い上がり買付け等 | H2.11.2 ～ H3.5.24<br>前後133取引日 | H5.5.21 | H6.10.3<br>東京地裁 | 被告人A（会社役員）<br>懲役2年6月執行猶予4年<br>被告人B（金融業者役員：資金提供者）<br>懲役2年執行猶予3年<br>（いずれも確定） | |
| 2 | 昭和化学工業 | 仮装売買<br><br>買い上がり買付け等 | H9.6.11 ～ H9.8.11<br>前後41取引日 | H11.3.4 | H11.6.24<br>大阪地裁 | 被告人A（金融業者役員）<br>懲役1年6月執行猶予3年<br>被告人B（金融業者）<br>罰金400万円<br>（いずれも確定） | |
| 3 | ヒューネット | 仮装売買等 | H9.1.31 ～ H9.5.23<br>前後77取引日 | H11.12.3 | H12.5.19<br>横浜地裁 | 被告人（会社役員）<br>懲役1年6月執行猶予3年<br>（確定） | |
| 4 | アイカ工業 | 仮装売買<br><br>買い上がり買付け | H11.12.15 ～ H12.1.17<br>前後20日間 | H13.4.27 | H14.9.12<br>名古屋地裁 | 被告人（会社役員）<br>懲役1年6月執行猶予3年<br>追徴金約2,818万円<br>（確定） | |
| 5 | 志村化工 | 仮装売買<br><br>買い上がり買付け | H13.1.10<br>及び<br>H13.1.12 ～ 1.17<br>合計7日間 | H14.3.20 | H15.7.30<br>東京地裁<br><br><br><br>H15.11.11<br>東京地裁<br><br><br><br><br><br><br>H16.7.14<br>東京高裁<br>H19.3.29<br>最高裁 | 被告人A（会社役員）<br>懲役2年執行猶予3年<br>追徴金約1億1,395万円（確定）<br>被告人B（会社役員）<br>懲役2年執行猶予3年<br>追徴金約1億2,080万円（控訴）<br>被告人C（無職）<br>懲役2年執行猶予3年<br>追徴金約1億2,080万円（確定）<br>被告人B　控訴棄却（上告）<br>上告棄却（確定） | 第6章 事例3 |
| 6 | オプション取引 | 仮装売買等 | H10.12.21 ～ H12.3.23の間 | H15.7.25 | H17.2.17<br>大阪地裁<br><br>H18.10.6<br>大阪高裁<br>H19.7.12<br>最高裁 | 被告人（大証副理事長）無罪（検察官控訴）<br>懲役1年執行猶予3年（上告）<br>上告棄却（確定） | 第5章5⑵ |
| 7 | キャッツ | 仮装売買<br><br><br>買い上がり買付け等 | H13.6.4 ～ H13.7.18<br><br>前後33取引日 | H16.2.24 | H17.2.8<br>東京地裁 | 被告人A（会社役員）、被告人B（会社役員）、被告人C（キャッツ社元役員）　いずれも<br>懲役2年6月執行猶予4年 | 第6章 事例4 |

148

| 番号 | 銘柄 | 手段・変動操作の態様 | 実行行為期間 | 告発年月日 | 判決年月日・裁判所 | 判決の内容 | 引用・備考 |
|---|---|---|---|---|---|---|---|
| | | | | | | 追徴金 3 億 1,082 万円　（Bのみ控訴） | |
| | | | | | H17.3.11 東京地裁 | 被告人D（キャッツ社役員）<br>懲役 3 年執行猶予 5 年<br>追徴金 3 億 1,082 万円 | |
| | | | | | H17.9.7 東京高裁 | 被告人B　控訴棄却（上告） | |
| | | | | | H19.2.20 最高裁 | 被告人B　上告棄却（確定） | |
| 8 | 真柄建設<br><br>ヤマタネ<br><br>岩崎通信 | （買い）見せ玉 | H15.7.29 AM10:52 ～ PM0:46 など<br>H15.8.7 AM9:31 ～ AM10:19 など<br>H15.8.8 AM9:20 ～ AM9:44 など | H16.11.30 | H17.12.9 釧路地裁 | 被告人（デイトレーダー）<br>懲役 1 年 6 月執行猶予 3 年、罰金 100 万円（確定） | 第 6 章　事例 5 |
| 9 | 日信工業 | 仮装売買<br><br>買い上がり買付け等 | H13.7.23 ～ H13.8.6<br>前後 10 取引日 | H17.6.20 | H19.12.21 東京地裁 | 被告人（デイトレーダー）<br>懲役 2 年執行猶予 3 年<br>追徴金約 1166 万円（控訴） | 第 6 章　事例 2 |
| | | | | | H21.3.26 東京高裁 | 控訴棄却 | |
| | | | | | H22.12.13 最高裁 | 上告棄却（確定） | |
| 10 | ソキア | 仮装売買<br><br>買い上がり買付け<br>終値関与 | H14.4.16 ～ H14.5.10<br>前後 16 取引日 | H17.11.15 | H18.7.19 大阪地裁 | 被告人（会社役員）<br>懲役 2 年執行猶予 4 年、罰金 200 万円、追徴金約 4924 万円（確定） | 第 6 章　事例 1 |
| 11 | ビーマップ | 仮装売買・馴れ合い売買<br>買い上がり買付け<br>下値支え | H17.3.4 ～ H17.3.18<br>前後 11 取引日 | H19.3.27 | H21.9.29 大阪地裁 | 被告人A（会社役員）<br>懲役 3 年執行猶予 5 年、罰金 500 万円<br>追徴金 約 9 億 7843 万円（確定） | 第 6 章　事例 4 |
| | | | | | H20.11.13 大阪地裁 | 被告人B（会社役員）<br>懲役 1 年執行猶予 3 年<br>追徴金 2 億 4533 万円（確定） | |
| | | | | | H21.9.9 大阪地裁 | 被告人C（会社役員）<br>懲役 1 年 6 月執行猶予 3 年<br>追徴金 約 2 億 4533 万円（控訴） | |
| | | | | | H20.10.31 大阪地裁 | 被告人D（会社役員）<br>懲役 1 年執行猶予 3 年<br>追徴金 約 2 億 4533 万円（控訴） | |
| | | | | | H22.8.4 大阪高裁 | 被告人C　控訴棄却（上告） | |

| 番号 | 銘柄 | 手段・変動操作の態様 | 実行行為期間 | 告発年月日 | 判決年月日・裁判所 | 判決の内容 | 引用・備考 |
|---|---|---|---|---|---|---|---|
| | | | | | H21.6.24 大阪高裁 | 被告人D　控訴棄却（上告） | |
| | | | | | H24.5.29 最高裁 | 被告人C　上告棄却（確定） | |
| | | | | | H23.9.16 最高裁 | 被告人D　上告棄却（確定） | |
| 12 | 川上塗料 | 仮装売買 | H15.4.3～H15.5.14 | H19.6.25 | H20.6.30 さいたま地裁 | 被告人A　懲役2年6月執行猶予4年、罰金300万円　追徴金約5億1108万円（控訴）※15番OHT事件と併合 | 第6章 事例7 |
| | | 買い上がり買付け 下値支え | 前後28取引日 | | | 被告人B　懲役1年6月執行猶予4年、罰金200万円　追徴金約5億1108万円（控訴）※15番OHT事件と併合 | |
| | | 自己又は他人の操作によって変動するべき旨を流布※情報流布罪は被告人Aのみ | H15.1.14～H15.5.14 情報流布91回 | H19.6.28 | | | |
| | | | | | H21.5.14 東京高裁 | 被告人A及びB　控訴棄却（被告人Aのみ上告） | |
| | | | | | H21.10.6 最高裁 | 被告人A　上告棄却 | |
| 13 | オーエー・システムプラザ | 仮装売買 | H18.10.17～10.20 | H19.10.15 | H20.7.25 大阪地裁 | 被告人（会社役員） | |
| | | 買い上がり買付け等 | 4取引日 | | | ※14番南野建設事件の被告人Bと同一　※14番南野建設事件と併合 | |
| 14 | 南野建設 | 仮装売買 | H14.11.27～12.13 | H19.11.1 | H22.4　大阪地裁 | 被告人A（株投資アドバイザー）　公訴棄却（被告人死亡） | |
| | | 買い上がり買付け等 | 13取引日 | | H20.7.25 大阪地裁 | 被告人B（会社役員）　懲役3年執行猶予5年　追徴金約4億4225万円 ※13番オーエー・システムプラザ事件と併合 | |
| | | | | | H20.3.21 大阪地裁 | 被告人C（自営業）　懲役2年執行猶予5年　追徴金約3億8379万円（確定） | |
| 15 | OHT | 仮装売買 | H17.10.17～10.25 | H19.11.29 | H20.6.30 さいたま地裁 | 被告人A（無職）　懲役2年6月執行猶予4年、罰金300万円　追徴金約5億1108万円（控訴） | |
| | | 買い上がり買付け | 7取引日 | | | | |

150

| 番号 | 銘柄 | 手段・変動操作の態様 | 実行行為期間 | 告発年月日 | 判決年月日・裁判所 | 判決の内容 | 引用・備考 |
|---|---|---|---|---|---|---|---|
|  |  |  |  |  |  | ※ 12 番川上塗料事件と併合<br>被告人B（無職）<br>懲役 1 年 6 月執行猶予 4 年、罰金 200 万円<br>　追徴金約 5 億 1108 万円（控訴）<br>※ 12 番川上塗料事件と併合 |  |
|  |  |  |  |  | H21.5.14 東京高裁 | 被告人A及びB　控訴棄却（被告人Aのみ上告） |  |
|  |  |  |  |  | H21.10.6 最高裁 | 被告人A　上告棄却 |  |
|  |  | 被告人A.Bと共謀 | H17.10.17～10.25 | H28.8.22 | H29.6.26 さいたま地裁 | 被告人C（元弁護士）懲役 2 年 6 月執行猶予 4 年、罰金 300 万円 | ※海外逃亡の結果、起訴が遅れたもの。 |
|  |  | 被告人C単独 | H18.11.21～11.30<br><br>7 取引日 | H28.10.11 |  | 追徴金約 4 億 9756 万円（確定） |  |
| 16 | ケイエス冷凍食品 | 株価固定<br><br>（大量の買い注文を入れて買い支える） | H18.4.6～5.23<br>23 取引日 | H20.3.4 | H20.6.17 名古屋地裁 | 丸八証券　罰金 2500 万円 | 第 5 章 5⑵<br><br>第 6 章　事例 8 |
|  |  |  |  |  |  | 被告人B（被告会社役員）<br>懲役 1 年執行猶予 3 年（確定） |  |
|  |  |  |  |  |  | 被告人C（被告会社役員）<br>懲役 10 月執行猶予 3 年（確定） |  |
|  |  |  |  |  | H20.9.9 名古屋地裁 | 被告人A（被告会社元会長）<br>懲役 1 年 4 月（実刑）（控訴） |  |
|  |  |  |  |  | H21.3.30 名古屋高裁 | 被告人A<br>懲役 2 年執行猶予 4 年（確定） |  |
| 17 | 日立造船<br><br>三井鉱山 | （買い）見せ玉<br><br>買い上がり買付け<br><br>※早稲田大学投資サークル事件<br>※ 197 条 2 項初適用 | H18.6.19 AM9:07～9:10<br>H18.6.19 AM9:50～9:52<br>H18.6.19 AM10:09～10:12 | H21.9.29 | H22.4.28 東京地裁 | 被告人A（無職）<br>懲役 2 年 2 月執行猶予 4 年、罰金 250 万円<br>　追徴金約 2 億 2661 万円（確定）<br>被告人B（会社役員）<br>懲役 2 年執行猶予 4 年、罰金 300 万円<br>　追徴金約 2 億 2661 万円（確定）<br>被告人C（無職）<br>懲役 1 年 6 月執行猶予 4 年、罰金 150 万円<br>　追徴金約 2 億 2661 万円（確定） | 第 6 章　事例 6 |

| 番号 | 銘柄 | 手段・変動操作の態様 | 実行行為期間 | 告発年月日 | 判決年月日・裁判所 | 判決の内容 | 引用・備考 |
|---|---|---|---|---|---|---|---|
| 18 | ユニオンホールディングス | 仮装売買<br><br>買い上がり買付け等 | H19.4.13 ～ 4.26<br><br>10 取引日 | H21.11.24 | H22.8.18 大阪地裁 | 被告人A（団体代表者）懲役 3 年執行猶予 5 年、罰金 300 万円<br>追徴金約 2 億 5529 万円（確定）<br>※同銘柄の偽計事件と併合審理 | 第 6 章 事例 4 |
|  |  |  |  |  | H22.8.25 大阪地裁 | 被告人B（会社員）懲役 2 年執行猶予 4 年、罰金 200 万円<br>追徴金約 2 億 5529 万円（確定） |  |
|  |  |  |  |  | H22.9.1 大阪地裁 | 被告人C（会社役員）懲役 3 年執行猶予 4 年、罰金 300 万円<br>追徴金約 2 億 6477 万円（確定）<br>※別銘柄の内部者取引と併合審理 |  |
|  |  |  |  | H22.2.9 | H24.6.6 大阪地裁 | 被告人D（会社経営者：資金提供者）懲役 3 年執行猶予 5 年、罰金 400 万円<br>追徴金約 3 億 7637 万円 | ※別銘柄の内部者取引と併合審理 |
|  |  |  |  |  | H25.10.25 大阪高裁 | 被告人D　控訴棄却 |  |
|  |  |  |  |  | H27.4.8 最高裁 | 被告人D　上告棄却 |  |
| 19 | テクノマセマティカル<br><br>アドウェイズ<br><br>オーベクス | （買い）見せ玉<br>下値支え<br>買い上がり買付け | H18.10.25 AM10:01 ～ AM10:12<br><br>H18.10.25 AM11:01 ～ PM0:39<br>H22.2.9 AM9:03 ～ AM9:22 | H22.10.28 | H23.3.10 大分地裁 | 被告人（デイトレーダー）懲役 2 年 4 月執行猶予 4 年、罰金 600 万円<br>追徴金約 2 億 6148 万円 | 第 6 章 事例 6 |
|  |  |  |  |  | H23.8.26 福岡高裁 | 控訴棄却 |  |
|  |  |  |  |  | H24.11.19 最高裁 | 上告棄却（確定） |  |
| 20 | GABA<br><br>大東紡織<br><br>レオパレス 21 | （買い）見せ玉<br>下値支え<br>買い上がり買付け | H19.11.15 AM9:09 ～ AM9:23<br>H21.5.21 AM9:17 ～ AM9:19 など<br>H22.8.31 AM9:00 ～ AM9:03 など | H23.8.5 | H24.5.14 福岡地裁 | 被告人（会社役員）懲役 3 年、罰金 300 万円<br>追徴金約 1 億 8695 万円 | 第 5 章 5(2)<br>※詐欺等事件と併合審理 |
|  |  |  |  |  | H25.1.25 福岡高裁 | 控訴棄却（確定） |  |

| 番号 | 銘柄 | 手段・変動操作の態様 | 実行行為期間 | 告発年月日 | 判決年月日・裁判所 | 判決の内容 | 引用・備考 |
|---|---|---|---|---|---|---|---|
| 21 | セントラル総合開発 | 買い上がり買付け<br>終値関与<br>下値支え<br>仮装売買 | H23.1.31 ～ H23.2.10 | H25.7.12 | H26.7.4 東京地裁<br><br>H27.5.28 東京高裁<br>H29.3.13 最高裁 | 被告人（会社役員）懲役3年執行猶予4年、罰金2000万円<br>追徴金約8286万円<br>控訴棄却<br>上告棄却　（確定） | 第6章 事例6 |
| 22 | オリエントコーポレーション<br>トクヤマ<br>日本橋梁<br>神戸製鋼所 | 買い見せ玉 | H25.2.15 PM2:06 ～ 2:13<br>H25.3.11 AM9:45 ～ 9:58<br>H25.8.5 AM10:12 ～ 10:57<br>H25.8.22 10:34 ～ 10:46 | H26.10.7 | H27.10.22 東京地裁 | 被告人A（無職）懲役2年6月執行猶予4年、罰金250万円<br>追徴金約3億9039万円（確定）<br>被告人B（合同会社社員）懲役2年6月執行猶予4年、罰金250万円<br>追徴金約3億9039万円（確定） | |
| 23 | fonfun | 買い上がり買付け<br>仮装売買 | H25.4.16 ～ 4.23<br>6取引日 | H26.12.19 | H27.4.14 神戸地裁 | 被告人（無職）懲役2年8月、罰金500万円<br>追徴金約3291万円　（確定） | 第5章5⑵<br>※出資法違反事件と併合 |
| 24 | 新日本理化<br>明和産業 | 寄付き前の大量成行買い注文<br>下値支え | H24.2.15 ～ H24.3.2<br>13取引日 | H27.12.4 | H29.1.18 東京地裁<br><br>H30.3.22 東京地裁<br><br>R2.7.21 東京高裁<br>R3.11.16 最高裁 | 被告人A（無職）公訴棄却（被告人死亡）<br>被告人B（大学教員）懲役2年6月執行猶予4年、罰金1000万円<br>追徴金約26億5864万円（控訴）<br>※風説の流布事件と併合<br>被告人B　控訴棄却（上告）<br>被告人B　上告棄却（確定） | 第6章 事例10 |
| 25 | 夢の街創造委員会 | ①仮装売買<br>買い上がり買付け<br>下値支え<br>②株価固定（下値買い注文を大量に入れるなど） | H25.7.17 ～ 7.24 6取引日<br>H25.12.30 ～ H26.1.7<br>3取引日<br>H26.4.28 ～ 5.28<br>20取引日 | H28.6.14 | H29.3.28 東京地裁<br><br>H30.5.8 東京高裁<br><br>H30.9.26 最高裁 | 被告人（発行体特別顧問）懲役3年執行猶予4年、罰金2000万円<br>追徴金約1億2928万円（控訴）<br>被告人　控訴棄却（上告）<br>被告人　上告棄却（確定） | 第6章 事例9 |

| 番号 | 銘柄 | 手段・変動操作の態様 | 実行行為期間 | 告発年月日 | 判決年月日・裁判所 | 判決の内容 | 引用・備考 |
|---|---|---|---|---|---|---|---|
| 26 | ストリーム | 仮装売買・馴合売買買い上がり買付け下値支え | H26.2.13 ～ H26.2.20 6取引日<br><br>H26.5.22 ～ H26.5.28 5取引日<br><br>H26.6.25 ～ H26.6.27 3取引日<br><br>H26.7.17 ～ H26.7.24 5取引日 | H29.11.21<br><br><br><br><br><br><br><br><br><br>H29.11.27 | R2.1.14 東京地裁<br><br>R3.5.12 東京高裁<br>R3.9.7 最高裁<br>R2.6.18 東京地裁<br>R2.3.31 東京地裁<br><br><br><br>R3.3.18 東京高裁 | 被告人A（会社員）懲役1年8月、罰金2000万円 追徴金約3億7280万円（控訴）<br><br>被告人A　控訴棄却<br><br>被告人A　上告棄却（確定）<br>被告人B　公訴棄却（被告人死亡）<br>被告人C（会社役員）懲役3年執行猶予5年、罰金4000万円 追徴金約3億7280万円（控訴）<br><br>被告人C　控訴棄却（上告）<br><br>被告人C　最高裁係属中 | |
| 27 | ニチダイ | 株価固定<br><br>（大量の売り注文で上値を抑える） | H30.3.9 PM2:55～3:00<br><br>H30.3.16 PM2:58～3:00 | R3.3.26 | R4.4.22 大阪地裁 | 被告人（会社役員）懲役1年6月執行猶予3年、罰金500万円 追徴金約1億8657万円 | |
| 28 | 小糸製作所ほか | 株価固定<br><br>（大量の引差し買い注文で下値を支える） | R1.12.25 PM2:13～3:00 | R4.3.23 | 東京地裁係属中 | 被告人7名（会社役員、会社員、法人である日興証券） | |

154

○　参考資料 3　株の売買と信用取引に関する基礎知識

　本書は相場操縦事件を俯瞰するための書籍ですので、株取引の話が頻
繁に出てきます。そのため以下では、東証における株取引についての基
礎的な事項を簡潔にまとめました。

---

**第 1　売買注文の流れと取引時間**

1　売買注文の流れについて
　株の売買が行われる証券取引所で直接株の売買を行うことができるの
は、証券取引所での取引参加資格を有し、取引参加者となった証券会社
に限られています（金商法 111 条 1 項）。一般の投資者は、取引参加資
格のある証券会社に株の売買を発注するよう委託し、これを受託した証
券会社は、当該証券会社の名前で、一般の投資者から委託された売買注
文を証券取引所に発注します。一般の投資者が取引参加資格のない証券
会社（比較的規模の大きくない地場証券など）に売買の発注を委託した
場合、当該証券会社は、取引参加資格のある証券会社にその委託された
内容の売買を再委託します。また、取引参加資格のある証券会社自身が
投資者として売買注文を発することもあり、これを自己売買と呼んでい
ます。
　売買が成立すると、その結果が証券取引所から証券会社に報告され、
その後、証券会社から一般の投資者に報告されます。東証で株式の売買
が行われた場合、株式の売買が成立してからその日を含めて 3 営業日以
内に、証券会社と一般の投資者の間で決済、具体的には売買代金の支払
と株の受渡しが行われます。

2　取引時間について（東証の場合）
　東証では、令和 4 年 5 月現在、午前 9 時から同 11 時 30 分、午後 0
時 30 分から同 3 時までの 2 つの時間帯において株の売買が行われてい

ます（特定の休業日を除きます）。売買が行われる時間のことを「立会時間」といい、午前の立会時間を「前場（ぜんば）」、午後の立会時間を「後場（ごば）」と呼びます。また、前場・後場の取引開始時点（最初の売買成立時点）のことを「寄付（よりつき）」と言い、取引終了時刻のことを「引け」、特に後場の引けを「大引け（おおびけ）」と呼びます。また、東証は、午前は8時から11時30分まで、午後は0時05分から3時までの間、それぞれ証券会社から注文を受け付けています。

　なお、東証では、立会時間における円滑な執行が困難である大口取引等に対応するため、ToSTNeT（Tokyo Stock Exchange Trading NeTwork System）と呼ばれる立会時間外の取引市場を導入しています。ToSTNeT市場では、単一銘柄取引（ToSTNeT-1）、バスケット取引（ToSTNeT-2）、終値取引（ToSTNeT-3）、自己株式立会外買付取引（ToSTNeT-4）といった4種類の取引を行うことができます。

### 第2　売買の発注方法

1　価格の指定

　投資者は、株の売買注文をする際、基本的に「○円（以上or以下）で売りたい・買いたい」と希望価格を指定する「指値注文（さしねちゅうもん）」か、これを指定せず、「値段はいくらでも良いので売りたい・買いたい」という「成行注文（なりゆきちゅうもん）」のいずれかを選択します。「指値注文」の場合、指定した価格の範囲を超えた取引は成立しません。すなわち、100円で買い注文を出している場合、110円の売り注文と約定することはありません。

　また、「成行注文」は、「指値注文」より優先して注文が執行されるという約束があります。「成行注文」の場合は、値段の範囲に関係なく反対注文が出ていれば約定するので、優先的に売買注文が執行されるという利点がある反面、想定外に高値での買付けや安値での売付けとなる可能性もあります。

2　執行のタイミングの指定

　また投資者は、以下のような取引の執行の成立時期を指定した注文をすることができます。

①　寄付条件付（よりつきじょうけんつき）注文・引条件付（ひけじょうけんつき）注文

　　前場ないし後場の「寄付」・や「引け」に執行されるとの条件を付し

た注文をいい、いずれも、後述する「板寄せ方式」で株の売買価格が決まります。

　　大引けでの取引は、当日の取引の結果（終値）を決めるものとなり、終値は、各種取引や株の価値算定の基準となる値段として用いられます。

② 指値できずば成行注文

　　前場、後場の立会時間中の「寄付」・「引け」を除いた期間（「ザラバ」といいます）は指値注文とするが、ザラバ中に売買が成立しなかった場合には、前場の引け、又は大引けで成行注文に変更するとの条件を付した注文をいいます。ザラバ中は一定の値段の範囲での取引をしたいものの、その日にどうしても売買の結果を出す必要がある場合などに、引けで値段指定を取り払って売買を成立させる取引手法です。

## 第3　約定価格の決定

　　株の売買価格の決定方法には、「板寄せ方式」と「ザラバ方式」の2種類があります。

1　板寄せ方式

　　この方式は、主に、前場と後場における最初の取引価格（これを「始値」といいます）と最後の取引価格（これを「終値」といいます）を決定する場合、その他東証が定めた特別なタイミングで用いられます。

　　板寄せ方式では、売り注文と買い注文の各注文数を合算していった結果、その数量が逆転する価格帯を探索した後、以下の条件が整った値段が売買価格と決定されます

　　　① 成行売り注文と成行買い注文がすべて約定すること
　　　② 決定された価格より高い値段での買い注文と低い値段での売り注文がすべて約定していること
　　　③ 決定された価格において、売り注文、買い注文のいずれか一方がすべて約定していること

以下、板寄せ方式により株価が決まる流れを示します。

(1) 逆転する価格帯の探索

| 売り注文（株数） | 値 段 （円） | 買い注文（株数） |
|---|---|---|
| 500 | 成 行 | 400 |
| 1500 | 802 | 500 |
| 300 | 801 | 800 |
| 700 | 800 | 900 |
| 700 | 799 | 300 |
| 500 | 798 | 1200 |

※合算に際しては、売り注文は下の値段から、買い注文は成行を含む上の値段から合算
をしていきます。

　上の図において、売り注文と買い注文を合算した数量が逆転する値段
は、売り注文の方は801円、買い注文の方は800円となります（つまり、
売り注文については798円から順に500株（798円）＋700株（799円）
＋700株（800円）＋300円（801円）と合算していった2200株のと
ころで初めて、買い注文については400株（成行）＋500株（802円）
＋800株（801円）＋900株（800円）と合算していった2600株のと
ころで初めて、売り注文と買い注文の数量が逆転するということです）。
　この800円と801円の価格帯を前提に①〜③の条件の検討を行います。

(2) ①〜③の各条件のあてはめ
　　まず801円を始値だと仮定します。
　　①の条件を執行すると、板は以下のようになります。

| 売り注文（株数） | 値段 （円） | 買い注文（円） |
|---|---|---|
| 100 | 成行 | |
| 1500 | 802 | 500 |
| 300 | 801 | 800 |
| 700 | 800 | 900 |
| 700 | 799 | 300 |
| 500 | 798 | 1200 |

　つまり、当初の500株の成行売り注文と400株の成行買い注文をぶつ
けた結果、100株の成行売り注文が残ったということです。

　次に②の条件を検討しますと、801円より下の売り注文は合計1900株
（700株（800円）＋700株（799円）＋500株（798円））です。
　そして①の条件のとおり、成行注文は全て約定させないといけません
ので、約定させなければならない売注文は全部で2000株（1900株＋
100株）です。しかしながら約定させなければならない801円より上の

買い注文は合計 500 株しかありません。そのため、売り注文 1500 株が約定できないまま残ってしまい、結局②の条件を満たしません。

よって、始値は 801 円ではないということになります。

次に 800 円を始値だと仮定します。

①の条件を執行すると、板は以下のようになります。

| 売り注文（株数） | 値段（円） | 買い注文（株数） |
|---|---|---|
| 100 | 成行 | |
| 1500 | 802 | 500 |
| 300 | 801 | 800 |
| 700 | 800 | 900 |
| 700 | 799 | 300 |
| 500 | 798 | 1200 |

ここまでは、801 円と仮定したときと同じです。

次に②の条件を検討しますと、800 円より下の売り注文は合計 1200 株（700 株（799 円）＋ 500 株（798 円））です。

そして①の条件のとおり、成行注文は全て約定させないといけませんので、約定させなければならない売注文は全部で売り注文 1300 株（1200 株＋ 100 株）です。そして約定させなければならない、800 円より上の買い注文も合計 1300 株ですので、これら売注文・買注文を全て約定させることができます。よって 800 円を値とした場合を②の条件を満たしていることがわかります。

そして、③の条件に従い、800 円の売り注文 700 株と買い注文 900 株を約定させると、板の状況は以下のようになります。

| 売り注文（株数） | 値段（円） | 買い注文（株数） |
|---|---|---|
| | 成行 | |
| 1500 | 802 | |
| 300 | 801 | |
| | 800 | 200 |
| | 799 | 300 |
| | 798 | 1200 |

つまり、800 円で売り注文 700 株が全て約定しましたので、③の条件も満たすことになります。この結果 800 円がこの株の始値ということになります。

2　ザラバ方式

　この方式は、板寄せ方式以外の場面で適用されます。売り注文（あるいは買い注文）と、買い注文（あるいは売り注文）の値段が合致したところで売買が成立し価格が決まるというものです。

　ザラバ方式の場合、受け付けられた注文は、「価格優先の原則」と「時間優先の原則」に従って優劣が定まり、その順序に従って売買が成立していきます。「価格優先の原則」とは、より高値の買い注文、より安値の売り注文が他の注文に優先することをいいます。「時間優先の原則」とは、同じ値段の注文については、受け付けた時刻の前の注文が後の注文に優先することをいいます。

　例えば、直前約定値が600円の取引場面で、A：10時01分受付の601円、B：10時02分受付の602円、C：10時03分受付の601円、D：10時04分受付の602円の売り注文があった場合、より安い価格、より早い注文が優先することから、約定の順位はA→C→B→Dとなります。

　他方、買い注文の場合、E：11時00分受付の600円、F：10時59分受付の599円、G：11時03分受付の600円、H：11時04分受付の599円があるとすれば、より早い注文という点は売り注文と同じですが、買い注文の場合はより高い価格での注文が優先しますので、約定の順位はE→G→F→Hとなります。

| 売り注文 | 値段 | 買い注文 |
|---|---|---|
| B（10:02）・D（10:04） | 602 | |
| A（10:01）・C（10:03） | 601 | |
| | 600 | E（11:00）、G（11:03） |
| | 599 | F（10:59）、H（11:04） |

**第4　投資者が不測の損害を受けないための制限措置**

　株価は、本来、自然の需給バランスにより自由に決定されるべきです。

　しかし、完全に自由な取引に任せ、株価が直前の価格から無制限に乱高下する事態を許すと、個人の投資者の多くは、注文を出すタイミングを計ることが困難になり、また想定しない損害を被る可能性もあります。その結果、多くの人々が株取引に参加することを躊躇してしまうことになるでしょう。そこで、東証では、公正・自由な取引を旨としつつ、投資者が不測の損害を受けないように、株価の変動について一定の制限を加えています。

1　一回の取引で価格変動する範囲の制限（気配の更新値幅）

　売買が成立する直前の株価を基準として、次の値段を付けることができる幅に一定の範囲が設けられています。この値幅のことを「気配の更新値幅」といいます。「気配」とは売買の注文状況のことを指し、注文値段のことを「気配値」といいます。

　そして、気配の更新値幅を決定する基準となる株価から見て、次の約定値段が、気配の更新値幅を超えてしまうような注文が出てきた場合（例えば、基準となる株価が200円未満の場合は上下5円が更新値幅ですので、それを超える注文値段が出てきたような場合。基準となる株価と更新値幅の関係については、東証のホームページに詳しく掲載されています）、板情報の中央「値段」の欄に「特別気配」という表示がなされます。「売り特別気配」の場合、値段の売り注文側に「特」と表示され、「買い特別気配」の場合、値段の買い注文側に「特」と表示されます。「特別気配」の表示をすることで、瞬時の大幅な株価変動が生じなくなりますので、投資者には発注のタイミングを得られるメリットがあります。

　他方、この制限措置を悪用して、あえて「特別気配」を表示させ、例えば一般の投資者に対し、買い基調が強いように見せかけたり、あるいは自分自身で高値の買い注文と売り注文を行うことによって（仮装売買）、本来は他の投資者との売買成立がなければ更新できない値幅を更新してしまったりする不公正な取引をする者もいます。このような取引は、悪質な相場操縦に該当すると判断される可能性があります。

2　一日の取引で変動する範囲の制限（制限値幅）

　個々の売買だけでなく、一日の売買における株価の値動きについても、当該株の前日終値を基準とした一定範囲の制限が設けられています。この値動きの幅を「制限値幅」といいます（制限値幅についても、東証のホームページに詳しく掲載されています）。

## 第5　信用取引について

1　概要

　信用取引とは、金融商品取引業者が顧客に信用を供与して行う有価証券の売買その他の取引をいいます（金商法156条の24第1項、161条の2第1項、信用取引府令1条1項）。

　手元資金以上の取引をしたい顧客が、証券会社から資金（あるいは株）を先に借りて、それを元手に売買をするものです。投資者の株取引に対する潜在的な需給を株式市場に取り込むことで、市場機能が高まるとさ

れています。

　顧客は、借り入れた資金で株が割安の時に買い付け、割高になった時点で売り付け（あるいは、借り入れた株を株が割高の時に売り付け、割安になった時点で新たに買い戻して）、その後、借り入れた資金（あるいは借り入れた株）を決済することで、その残額を利益とします。

　信用取引は、現物取引に比して複雑であり、また、顧客に多大な損失を被らせる可能性もあります。そのため、顧客は、信用取引口座を開設する際、金融商品取引業者から口座開設の承諾を得なければならず、また、信用取引を行う上で知っておかなければならない約束事を定めた「信用取引口座設定約諾書」の内容を確認し、金融商品取引業者に差し入れなければならないとされています。

## 2　委託保証金と追証

　顧客は、証券会社から資金や株を借り入れる際、担保として、買付株や売付代金を証券会社に差し入れます。もっとも、取引後に買付株の価格が下落し、あるいは売付株の価格が上昇すると、差し入れた担保の担保力が不足することになります。この不足を補うため、証券会社は当該取引に係る有価証券の時価の30％以上の金銭の預託を受けなければなりません（金商法161条の2第1項、信用取引府令2条1項1号）。この金銭のことを「保証金」といいます（信用取引府令3条1項）。現金に代えて、株などの代用有価証券を差し入れることも認められています（金商法161条の2第2項、信用取引府令6条1項）。

　信用取引した株や代用有価証券の価格変動により保証金の担保価値は変動します。その担保価値を把握すべく、その現在価値（これを「現在高」といいます）を計算する方法が定められています（信用取引府令8条）。現在高が減少した場合、証券会社は、顧客に対し、保証金の追加差入れをさせることができます（受託契約準則47条）。また、受託契約準則48条では、現在高が約定価格の一定率（これを「維持率」といいます）を割り込む場合は、その率を維持するため、保証金の追加差入れさせなければならないと定めています。こうした委託保証金の任意的、義務的な追加差入れのことを、併せて「追証」といいます。

　東証が出版している『東証公式　株式サポーター　株式取引編〔第7版〕』『東証公式　株式サポーター　信用取引編〔2019改訂版〕』では、株の売買・信用取引について、基本的な知識やルールがコンパクトにわかりやすく解説されています。さらに学習したい方、詳細を知りたい方には一読をお勧めします。

●著者紹介

**清水　真一郎**（しみず・しんいちろう）

　弁護士（渥美坂井法律事務所・外国法共同事業）。

　平成 13 年検察官任官。平成 21 年名古屋地方検察庁特別捜査部、同 24 年金融庁証券取引等監視委員会事務局取引調査課証券調査指導官兼市場分析審査課課長補佐、同 25 年開示検査課課長補佐兼市場分析審査課取引審査調整官、同 26 年特別調査課特別調査指導官、同 27 年東京地方検察庁特別捜査部。同 30 年に退官後、日本取引所自主規制法人勤務を経て、令和 2 年より弁護士。

**志村　聡**（しむら・さとし）

　弁護士（全保連株式会社執行役員法務部長）。

　平成 20 年弁護士登録。同年より清水直法律事務所にて勤務。同 25 年金融庁証券取引等監視委員会事務局取引調査課証券調査官、同 28 年証券検査課証券検査官、同 29 年取引調査課取引調査法務調整官。同 30 年に退官後、平出・髙橋法律事務所（現PLAZA総合法律事務所）勤務を経て、同 31 年に全保連株式会社法務部長。令和 3 年より現職。

実例解説　相場操縦事件
——公正な市場形成のために

2022年10月12日　初版第1刷発行

著　　者　清　水　真一郎
　　　　　志　村　　　聡

発 行 者　石　川　雅　規

発 行 所　株式会社 商 事 法 務
　　　　　〒103-0025 東京都中央区日本橋茅場町 3-9-10
　　　　　TEL 03-5614-5643・FAX 03-3664-8844〔営業〕
　　　　　TEL 03-5614-5649〔編集〕
　　　　　https://www.shojihomu.co.jp/

落丁・乱丁本はお取り替えいたします。　　印刷／広研印刷㈱
© 2022 Shinichirou Shimizu, Satoshi Shimura　Printed in Japan
　　　　　　　　Shojihomu Co., Ltd.
ISBN978-4-7857-2989-9
＊定価はカバーに表示してあります。